U0852927

全国统一大市场背景下

信用政府法治监管问题研究
——以政务诚信为分析对象

王译 著

湘潭大学出版社
XIANGTAN UNIVERSITY PRESS

前　言

全国统一市场战略在当今时代具有深远影响力和社会号召力，它也是从全局和战略的高度出发，平衡地方发展与市场竞争秩序的重要制度安排。2021 年 12 月 17 日，习近平总书记在中央全面深化改革委员会第 23 次会议中强调，要加快清理废除妨碍统一市场和公平竞争的各种规定和做法，要结合区域重大战略、区域协调发展战略实施，优先开展统一大市场建设工作，发挥示范引领作用。2022 年 4 月，中共中央、国务院发布了《关于加快建设全国统一大市场的意见》，该文件正式提出了建设全国统一大市场的基本原则和具体实施策略。在法治化营商环境优化的背景下，该意见旨在全面促进我国市场从规模扩张向质量提升转变，为全国统一大市场的建设提供高标准市场体系和高水平社会主义市场经济体制的有力支撑。目前，全国统一大市场的构建主要以供给侧结构性改革为核心，致力于为市场提供统一的基础性制度支持。在此基础上，统筹好安全和发展、全国和地方、市场和政府之间的关系，充分发挥单一超大规模市场优势，形成以国内大循环为主体、国内国际双循环相互促进的新发展格局。[①]

① 吴华强、才国伟、何婧：《新发展格局下的全国统一大市场建设》，载《南方经济》2022 年第 7 期。

全国统一大市场背景下信用政府法治监管问题研究
——以政务诚信为分析对象

在政府参与信用法治监管的规则构建过程中，政务诚信往往通过地方政府负责人的“任期政绩”来考评其政策实施的稳定性，其表现形态更趋于是一种“柔性”规劝而非“刚性”规制的方式。在当前的营商环境中，“新官不理旧账”依然成为掣肘外来资金拉动本地经济发展的重要因素。有学者提出，基于地方政府对现有法治机制干预的可能性，避免政府可能动用司法力量割裂市场，行政权力与司法权力之间已经形成了有效运作的“隔离墙”。① 为强化政府在经济行政领域市场监管的规制方式，政务诚信作为“柔性”的软法规劝手段，可替代“刚性”的权力规制可能带来的负面效应。例如，因地方政府换届前后负责人之间存在权力博弈，造成了诸如阶段性优惠政策失灵、行政监管效能低下、行业或者地方（区域）市场的资源分配存在不公以及潜在投资主体资源要素流动不畅等利益受损的情形。因此，多元市场主体在参与社会主义市场经济的公平竞争过程中，政府信用往往发挥着兜底的“保障”和“预防”功能。在拉动外部投资和消费资金流入的过程中，地方政府的税费减免等政策优惠往往是持续推动多元要素跨地域、跨行业流动的重要因素。2022 年，出台了《中华人民共和国社会信用体系建设法（向社会公开征求意见稿）》（以下简称《信用体系建设法（征求意见稿）》），将社会信用体系建设向下细分为政务诚信、商务诚信、社会诚信和司法公信等四个类型。我国“四位一体”的社会信用建设将政务诚信置于首位，彰显了政府信用在全国统一大市场建设中的重要性。2024 年 7 月，国家发展改革委办公厅印发《2024—2025 年社会信用体系建设行动计划》，其中提到要建立健全信用法规制度，加快推动出台《社会信用建设法》。以《信用体系建设法（征求意见稿）》为蓝本，该规范在发展过程中可以通过制定全国性的《政务信用建设条

---

① 戴枫、刘志彪：《东北全面振兴的关键：融入全国统一大市场》，载《经济纵横》2024 年第 5 期。

例》来加强政务诚信建设。同时，也可围绕政府信用与公务员信用分别制定《政府信用建设条例》和《公务员信用建设条例》。概言之，政务信用乃信用法治建设之时代必然与应有之义，亦是维护政府公共形象和平衡多元市场主体参与公平竞争利益的重要制度依托。

本书以全国统一大市场建设为背景，深入探讨了社会信用体系建设中政务诚信的重要性。文章从政务诚信的理论基础出发，详细阐述了守信激励机制的演进、失信行为联合惩戒的合理化规制，以及公共信用异议处理机制的构建，直至政府信用保护公益诉讼的理论框架。本书意在向读者呈现信用法治建设过程中，政务诚信、政府信用以及政府在经济行政监管规制方面的相关思考。本书的主要观点，大多源自作者在众多期刊上发表的论文，作者在此对期刊社和编辑老师长期以来的支持与关心表示衷心的感谢。鉴于作者研究的局限性，以及对全国统一大市场背景下政务诚信问题的浓厚兴趣，未来的研究需要在本职工作和基础研究方向上进一步深化和完善。对于本书可能存在的不足之处，作者诚恳地请求读者提出批评和指正，并在此表达最深的谢意。

目 录

第一章

全国统一大市场背景下政务诚信建设中的“德性”理论阐释

在推进中国式现代化的进程中，政府诚信承载了企业间公平竞争的价值追求，并发挥了维护市场秩序的制度功能。政府诚信体现了诚实守信、公平竞争的市场建设原则，其理论基础在于政治德性的支撑。与道德德性不同，政治德性融合了政治道德的诉求与道德的政治价值。在政府诚信中，政治德性要求公职人员在执行市场监管职责时，应遵循“为民”“务实”“清廉”的政治本质和“忠诚”“干净”“担当”的政治品质。政治道德蕴含了对政府道德的期望，而政府道德为政府诚信提供了明确的指导。以政治道德的柔性引导为基础，政府诚信建设主要采取软法规制作为其基本治理方式。同时，发展中的政治德性也是坚守承诺、传承良好品德和优秀传统文化的体现，在规则制定过程中融入了众多社会理性的要素。加强和改进党的领导是政治德性融入政府诚信建设的核心立场。加速构建公共政务信息平台，提升政务主体的道德水准，是政治德性融入全国统一大市场法治监管的重要路径。

一、引言：政务诚信如何反映政治德性？

党的二十大报告明确指出，必须构建全国统一的大市场体系，深化市场要素的市场化改革，并建设高标准的市场体系。同时，需完善产权保护、市场准入、公平竞争、社会信用等市场经济的基础制度，以优化营商环境。全国统一的大市场体系是党中央针对经济发展新布局，推进多元市场要素市场化改革，以及在完善中国特色社会主义市场经济体制过程中，消除要素流通障碍的重要措施。党的二十届三中全会的决定进一步强调，构建全国统一的大市场体系，推动市场基础制度规则的统一、市场监管的公平统一以及市场设施的高标准联通。加强公平竞争审查刚性约束，强化反垄断和反不正当竞争，清理和废除妨碍全国统一市场和公平竞争的各种规定和做法。① 全会公报再次指出，构建全国统一大市场要完善市场经济基础制度。②

全国统一大市场建设必须以政府信用为基石，在“放管服”改革中不断推进法治政府和诚信政府建设。正因政府信用关乎多元市场主体的信赖利益保护，其在政务诚信建设过程中应从政治道德与政治伦理层面明确未来制度构建与理论拓展的发展方向。《法治政府建设实施纲要（2021—2025 年）》指出，优化法治化营商环境必须紧紧围绕贯彻新发展理念、构建新发展格局，打造稳定公平透明、可预期的法治化营商环境。③《信用体系建设法（征求意见稿）》第 87 条已经明确，要建立和完善守信激励与失信惩戒制度，倡导和褒扬诚实守信，依法对失信行为进行惩戒和约束。从社会信用体系的层次来看，社会信用不仅涵盖了商务诚信与社会诚信，还涉及政务诚信和司法公信等方面。对于多元市场主体平等参与市场竞争而言，政务诚信与当前民营经济发展壮大的法治化营商环境密不可分。在行政法具体原则的实践过程中，政务诚信不仅体现为行政执法中的行政执法的职权法定、法律优先和法律保留的行政法定原则，还涉及了平等对待、禁止过度和信赖保护的行政均衡原

① 参见《中共中央关于进一步全面深化改革 推进中国式现代化的决定（2024 年 7 月 18 日中国共产党第二十届中央委员会第三次全体会议通过）》内容。

② 参见《中国共产党第二十届中央委员会第三次全体会议公报（2024 年 7 月 18 日中国共产党第二十届中央委员会第三次全体会议通过）》内容。

③ 参见《法治政府建设实施纲要（2021—2025 年）》第二部分第（六）项内容。

则，更反映了避免偏私、行政公开和行政参与的行政正当原则。① 本部分以政治德性理论为视角，强调多元市场主体如何在全国统一大市场建设过程中实现好自身运营发展和自我权利保障。在提升全社会诚信意识的基础上，政府不断创新市场经济的外部监督和社会治理机制。唯此，方能有效激发市场主体公平竞争的活力，推动政府在全国统一的多元要素市场中切实履行法治监管职能。②

二、政务诚信的理论原点：区别于道德理性的政治德性

全国统一大市场构建是一场小型的“全球化”运动，基于发挥超大规模市场效应的现实需要，全国统一大市场的发展必须发挥“超大规模市场”效应，超大规模市场至少从形式上将我国的国内统一市场纳入了世界市场的整体范畴。③ 借助超大规模的人口数量，我国市场形成的消费、科技创新、技术产业化应用规模、金融以及经济收敛等优势在全球贸易竞争中发挥着举足轻重的作用。④ 在法治政府建设和优化法治化营商环境的过程中，全国统一大市场的建设需要形成亲清政商关系。为稳固“放管服”改革成果，行政机关运用法治思维和法治方式来推动政府诚信和加快社会信用体系建设。⑤ 因此，政务诚信的规范塑造须以现代法治国家理念为基本理论前提。基于现代法治国家理念，政务诚信的内涵中包含了对法的安定性要求，包括对经济活动的信

---

① 周佑勇：《行政法基本原则的反思与重构》，载《中国法学》2003 年第 4 期。

② 王译：《全国统一大市场背景下建构政府信用保护公益诉讼的学理探微》，载《内蒙古社会科学》2023 年第 6 期。

③ 王译：《全国统一大市场视域下要素市场化改革的现实问题与应对策略》，载《新疆社会科学》2022 年第 6 期。

④ 肖钢：《新基建、数字化潜力巨大 加快金融改革盘活存量资产》，载《清华金融评论》2020 年第 6 期。

⑤ 王敬波：《“放管服”改革与法治政府建设深度融合的路径分析》，载《中国行政管理》2021 年第 10 期。

赖保护，涉及实质正义、价值处分权和尊重人权等三个方面。① 法的安定性意味着政府的行政监管和执法裁量标准不得朝令夕改，这包括两个方面的导向：其一，在标准或者规则的授权制定主体层面，须考量不同层级的行政法规范制定主体针对何种情形方能授权制定相应行政制裁措施。对于政务信息公开的过程而言，“部门规章”和“地方政府规章”的制定均需考量本行业或者本地区关于要素市场发展的特定要求。其二，在以制裁为手段的监管方式上，应围绕当前时代发展特征而注重制裁效果的稳定性。以德国行政法学家奥托·迈耶首创的比例原则理论为参照，政务诚信还涉及行政监管过程中的制裁手段和目的之间的适当性、必要性以及相称性等因素，其适用范围亦随着时代发展扩张至其他的部门法领域。② 以《德国基本法》第 80 条为例，法的安定性和信赖保护是全国统一大市场建设过程中实现法秩序规范的关键。③ 因此，以政治德性作为理论原点，在实现优化法治化营商环境这一目标的过程中，政务诚信的持续推进和发展具有深厚的历史底蕴和重要的政治意义。

（一）政务诚信作为“政治德性”适用场域的理论依据

政务诚信有别于商务诚信，其诚信的公权力背书有别于商务诚信的私文书效力。政务诚信从价值生成方面贴近于民法上的诚实信用原则，因而从道德和理念上对政府提出了信赖保护的基本要求。④ 同时，围绕全国统一大市场建设规划方向，政务诚信反映了国家关于推动民营经济发展以及增强民营经济活力的政策要求，亦是明确要素流通与政府监管之间权责关系的体现。⑤ 不

① 陈新民：《德国公法学基础理论（下卷）》，法律出版社 2010 年版，第 158 页。

② 梅扬：《比例原则的适用范围与限度》，载《法学研究》2020 年第 2 期。

③ 陈新民：《德国公法学基础理论（下卷）》，法律出版社 2010 年版，第 159 页。

④ 余凌云：《诚信政府理论的本土化构建——诚实信用、信赖保护与合法预期的引入和发展》，载《清华法学》2022 年第 4 期。

⑤ 王译、王煜东：《全国统一大市场视域下要素市场政府监管改革的路径探索》，载《河北法学》2023 年第 3 期。

论基于何种政体，德性均为政治经济秩序维持的重要来源。尽管德性被认为是源于激情，但在历史演进中仍被赋予了部分理性的要素，例如政治理性与道德理性。由政体的概念可知，从本源上回溯德性的基本属性，源于孟德斯鸠德性思想的阐释内容已被预设。这主要是指，德性本质上属于激情而非理性，德性是共和政体的动力机制。作为一种特殊的激情，德性更像是一种感情，而非知识的产物。① 那么诚信能否被认为在德性的下位概念中属于激情的内容，能否将诚信价值归于爱或者偏爱，这在德性发展历史中成为经久不衰的讨论话题。而大卫·休谟认为，孟德斯鸠德性理论阐释的激情，应源于反思观念的结合，而非代表了社会压抑的那种难以遏制的禁忌或者冲动。若由激情延伸至社会习俗，其并不属于政治德性的理论渊源。②

第一，政务诚信体现为市场竞争中政府公信的价值判断。信用价值在政治德性中体现为道德驱使，因而此种价值判断更大程度上体现为一种道德判断。价值判断所需的理性或者知识无法达到“德性”维度，因而道德判断并不会体现更多关于情境的知识。大卫·休谟认为的激情涵盖了道德，首要的激情指的便是骄傲和谦卑，这被证实了与道德密切相关。③ 在特定环境下，政治道德融入政务诚信建设需以政府监管的法治环境为分析对象，这有助于我们理解政治德性的本质和起源，其原因在于我们所处的社会环境是由具有生命的主体构成的。基于政治德性，个人的意向或欲望可以始终沿着集体的共同意向或欲望的方向发展。这种塑造人的德性力量在发挥主观能动性时，以

① 何涛：《政治德性与道德德性可分吗？——重新审视孟德斯鸠思想中的一个难题》，载《天津社会科学》2023 年第 4 期。

② ［英］伊安·汉普歇尔-蒙克：《现代政治思想史：从霍布斯到马克思》，周保巍等译，上海人民出版社 2022 年版，第 174 页。

③ ［英］伊安·汉普歇尔-蒙克：《现代政治思想史：从霍布斯到马克思》，周保巍等译，上海人民出版社 2022 年版，第 175 页。

"集体美德"行为成了推动国家与社会建设的主要动力。① 政府公信的价值判断源于对道德是激情还是理性的不同理解，但万变不离其宗的是，其都应在集体美德中通过政治理性形成国家社会发展的价值动力。共同的价值认同乃是一个政体以及政治秩序得以维持的前提，而政务诚信恰是为了实现这种认同的稳固。

第二，政务诚信体现为多元市场主体参与公平竞争的法治化营商环境。在多元主体参与的市场竞争环境中，每一个市场主体遵从的外部监管规则以法规范的确定条款呈现在成文法文本之中。因此，针对同一地区或者同一行业实施统一的监管标准，这是全国统一大市场建设的应有之义。有学者指出，政府领袖和行政官员的道德人格、民众意愿的道德合理性、政治行为的道德限制以及经济、法律和社会行为的道德价值乃至个人心性的明觉是政治德性在当今时代彰显的主要表现。② 这意味着，在法治化营商环境中，政务诚信还体现为监管主体基于超然监督者地位的高尚道德人格，这涉及不偏不倚、平等对待等价值理念。有学者提出，法治化营商环境主要反映在亲清政商关系当中，而亲清政商关系又可以分为职能型政商关系和交易型政商关系。③ 职能型政商关系强调的是行政监管的法定性，尤其是在经济行政领域监管执法的标准统一性。这就考验执法者在不适用回避规则时，对利益相关者的情感能否坚持较为高尚的道德人格以合乎执法程序的期待。在行政监管职能履行的程序正当性时，职能型政商关系模式下的法治化营商环境重点是为了避免权力寻租导致的"选择性执法"现象。交易型政商关系强调的是多元市场主体与市场竞争环境的相互依存，这主要从执法的行政相对人即市场主体层面强

① 张明军：《道德理性与德性政治浪漫主义形态》，载《政治学研究》2021 年第 2 期。

② 胡水君：《开拓政治价值：政治德性与政治理性》，载《政治学研究》2014 年第 3 期。

③ 席月民：《分类推进新时代亲清政商关系的法治化》，载《政法论坛》2023 年第 6 期。

调行贿、非国家工作人员受贿以及职务侵占等有损民营经济发展的职务犯罪，可以对法治化营商环境造成直接的危害。不论何种政商关系，均体现了政务行为必须合乎政治德性，合乎经济活动交易诚信的商业规律。政务信息获取方式的平等性和对称性，以及执法标准的统一性和周延性，都意味着政府作为监管主体必须满足政治德性的应然期待。

第三，政务诚信体现为政府履行法治监管职能的信赖保护预期。近年来，在行政诉讼中也热衷于倡导“信赖保护”理念。在以“Y公司诉H省Z市政府的行政行为违法案”中，诚信与信赖体现在“裁判摘要”当中，具体指出了“被诉具体行政行为违反了法律规定，且损害了相对人的信赖利益”。[①] 由此可知，信赖保护是政治德性在政务诚信中的重要体现。信赖保护应源于情感，即信任关系的构建，此亦非理性决定。在执法过程中，政治理性强调的执法手段和程序合乎法定要求，并不意味着排斥政治德性中的道德情感因素。以政务活动中的高效便民原则为例，即使在突破了程序法定原则的执法场景下，也允许履职或者执法方式上的人文关怀。比如，相对人（市场主体）在营业执照的续签上并未完全满足法定的时限要求，但为了帮助其维持生产经营而允许其突破法定的期限要求。又如，针对市场经营主体课以行政处罚的现场执法，若发现未成年人在场时则更偏重于柔性执法，甚至提醒受处罚人按时到指定地点完成行政处罚。上述这些执法手段的创新，反映了政务诚信对于相对人信赖保护的积极意义。对于政府监管双方之间相互协调的信任关系形成，无疑是一种超越于公民个体道德的集体德性。这种集体德性从政治功能上指向了好的政体，即作为好公民的市场主体在良好政体中的作用主要体现为对政体稳定性的积极意义。换言之，多元市场主体通过与政府之间形成的“信赖保护”关系，使现有秩序朝着维持平衡的一方发展。[②]

---

① 余凌云：《蕴育在法院判决之中的合法预期》，载《中国法学》2011年第6期。

② 谈火生：《好人与好公民：亚里士多德公民德性理论的内在张力》，载《天津社会科学》2023年第4期。

（二）政务诚信融入“政治德性”理论的规范梳理

自“信用”概念产生以来，由纯粹理性或者历史事实可得出道德结论，即哲学的理性主义者对人类心灵本质及其运作的反思。具体表现在，将信用人格化为人们的理想，按照荣誉和正义的优良准则行事并建立起规范体系，同时遵守契约的严肃性和价值。① 因此，“政治德性”融入政务诚信的规范价值体现为法律条款或者其他效力层级的确定性规范。当以政策、法律、政府规章以及企业章程等形式出现在信用法治政府构建过程中时，政务诚信以理性的契约形式代替德性的激情持续对社会产生积极影响。

2015 年 8 月，中共中央、国务院印发《关于深化国有企业改革的指导意见》，强调了国有企业内部治理过程中的党建引领和思想建设，此即政治德性在国有企业中的体现。2017 年 3 月，中共中央组织部、国务院国资委党委《关于扎实推动国有企业党建工作要求写入公司章程的通知》以及 2021 年 5 月中共中央办公厅《关于中央企业在完善公司治理中加强党的领导的意见》等党内法规，在国有企业中强化了党建引领的精神指引要求。

在国家高度重视民营经济发展的当下，法治政府建设中政务诚信的作用日益凸显。2023 年 7 月，中共中央、国务院《关于促进民营经济发展壮大的意见》，作为纲领式的政策导向体现了经济高质量发展的改革要求。在党的十八届三中全会确立了市场对资源配置起决定性作用的理念下，民营经济作为我国市场经济的重要组成部分，一直发挥着不可或缺的竞争参与和市场调节的作用。2023 年 9 月 4 日，中央编办正式批复在国家发展改革委内部设立“民营经济发展局”，其职能集中在促进民营经济发展壮大、统筹协调相关领域政策等方面。② 最高人民检察院发布《2023—2027 年检察改革工作规划》，

① ［英］伊安·汉普歇尔–蒙克：《现代政治思想史：从霍布斯到马克思》，周保巍等译，上海人民出版社 2022 年版，第 188 页。

② 《国家发展改革委设立民营经济发展局》，载《湖南日报》2023 年 9 月 4 日，第 12 版。

提出要健全服务保障经济高质量发展的工作机制，通过涉案企业的合规改革来保障民营经济的稳步发展。① 2023 年 7 月，根据最高人民检察院印发的《关于依法惩治和预防民营企业内部人员侵害民营企业合法权益犯罪、为民营经济发展营造良好法治环境的意见》，要求检察机关在民营经济发展过程中，应充分为民营经济发展保驾护航。具体表现在，加强对侵害民营企业利益的内部人员犯罪予以惩治和预防的侦查监督机制、协作配合机制以及信息共享机制。2023 年 9 月，最高人民法院印发了《关于优化法治环境促进民营经济发展壮大的指导意见》，意见明确了 27 项关于如何保障民营经济发展壮大的内容，体现了法院发挥审判职能全方位保障民营企业发展。在涉及民营企业内部刑事犯罪预防的领域可涵盖如下方面：严格区分经济纠纷与违法犯罪，严格落实罪刑法定、疑罪从无等刑法原则，严格规范适用强制措施程序以及全面贯彻宽严相济刑事政策等方面。

上述党和国家自上而下鼓励、支持和保障民营经济发展的政策，对政务诚信的法治监管提出了规则构建、调整和完善的具体要求，这包括如何实现平等对待、禁止过度和信赖保护这一关乎市场监管执法标准的原则。尤其在经济恢复发展的这一关键历史时期，国家更需要执法者在高度的政治德性驱使下，以贯彻国家政策的使命感与责任感维护不特定多数市场主体的经营秩序和潜在利益。此亦表明，在全国统一大市场的语境范畴下，多元市场经营主体可根据统一的党和国家政策，以确定的理性形式不断细化自身内部监管的企业章程、规章和其他制度。在降低和避免企业自身违规违法犯罪风险的同时，将契合党和国家政策的政治考量作为政治德性的一部分融入政务诚信的具体实现过程之中。

① 规划提出，要健全检察机关平等保护各类市场主体产权和合法权益的工作机制。参见最高人民检察院《2023—2027 年检察改革工作规划》内容。

三、政务诚信价值依归：基于现代法治国家契约精神的诚信价值

德性表现为激情，而诚信偏向为理性的范畴。无国家的社会虽有道德作为社会的制裁方式，但无政治难以实现社会秩序维持的效果，因此不能作为完全的道德德性对待。① 信赖保护作为政治德性在政务诚信中的判断标准之一，用于补充和纠正占主导地位的私人自治原则。在信赖责任适用于政务诚信的前提下，信赖原则是最基本的。信赖原则是一种其以归责原则的形式存在，具有补充和纠正的功能，在法律行为的约束和信赖责任之间，一直存在着难以界定的情况和流动性的边界。② 因此，在现代法治理念的指引下，明确政治德性融入政务诚信的传统价值积淀与发展中的时代特色，可帮助多元市场主体在全国统一大市场下更为有效地平衡政府监管与市场要素自由流动之间的矛盾。

（一）传统政治德性：政务诚信中的传统文化积淀和传承

在儒家和道家为主的知识分子“士”文化发展过程中，“士”代表了拥有较高的文化修养和知识水平，用独特的眼光观察社会，以独特的品位、价值和信念衡量、评判社会的群体，是我国最早的人文和思想学者。③ 以“文士”和“吏”的角色承担政治社会的聚合与教化功能，这是我国独特政治文化的主要承载者。早期儒家将“士”内嵌于“俗”“礼”“法”一体的“礼治”系统中，从个体道德修养、社群生活方式、国家政事运行等方面对“士”进行了非常清晰的理性反思，着重塑造了“士”的忧患意识、教化向善、忠

① ［日］浮田和民：《政治道德论》，陈重民编译，上海社会科学院出版社 2017 年版，第 7 页。

② ［德］C. W. 卡纳里斯：《动态体系与法律行为交往中的信赖保护》，刘凯丽译，载《南大法学》2023 年第 5 期。

③ 王中江：《儒家的精神之道和社会角色》，中华书局 2015 年版，第 298 页。

信恭敬、以德抗势和穷达以时的政治德性，促进了中国传统政治文化的现实主义态度和政治理性，也对后来“士大夫”文化的形成起到了指导性作用。① 其中，“信”在“士文化”中作为五德之一，蕴含了国家对“士”的“礼治”价值期待。诚信文化的积淀自战国时期商鞅“徙木立信”之始，便开始形成公民普遍教育的政治教化功能。诚信往往被作为教养的一部分，纳入了古代传统社会中对于礼仪习得的考察标准。“童叟无欺，货真价实”成为经济交易活动中的重要标签，当“守信践诺”成为商业诚信中不可或缺的一部分时，其间接指引了政治德性在政务活动中的发展。古罗马统治者奥勒留的传世经典之作《沉思录》，表达了对良善美德的认同和期待。由其内容可知，教育与教养密切相关。教育是教养的理念先导，教养是教育的效果表达。政治意义上的教化，则意味着社会群体性教养对于某一项或者某一类价值的普遍认同。当一个人实施了仁爱的行为或者别的有助于公共利益的行为时，符合他个人价值结构的行动意味着他可以得到属于自己的东西。② 有学者指出，即使是民主政府，也总会不小心地滑向一种自由主义。在我们所处的全球共识秩序中，呈现出既反对专制也反对不加分类民主的状态。从政治德性的演变视角来看，统治阶级并不关注这一理念的普遍性，而是关注让政治秩序更加合乎本阶级群体的发展需求。③

因此，当传统德性理论的激情要素在政务活动中逐渐淡去时，对于诚信价值的遵从逐渐反映在贴近于政治理性或者社会理性的法律规则制定当中。而针对政务诚信中的政治德性是否属于软法层面的问题，有研究表明在传统诚信观的形成过程中，政务诚信主要发挥的是软法的积极效应。有学者认为，

---

① 荣虎只、王中江：《守礼而求仁：早期儒家对“士”的政治德性塑造》，载《中州学刊》2021 年第 7 期。

② ［古罗马］马可·奥勒留：《沉思录》，何怀宏译，中央编译出版社 2008 年版，第 156 页。

③ ［法］雅克·朗西埃：《对民主之恨》，李磊译，中央编译出版社 2016 年版，第 37 页。

软法可以指不能用国家强制力保证实施的法规范，也可以指不属于国家法的其他法。但这些观点都未指出软法在效力上的显著差异。① 软法性条款有别于硬法性条款的关键体现为法律规范的构成要件，在假定条件、行为模式和法律后果的“三阶层”要件中，软法性条款往往欠缺第三个要件即“法律后果”，而该要件往往成为区分法律规范的“训示性”和“效力性”的关键。由学界普遍形成的共识可知，软法治理的关键在于责任承担层面的法定与非法定、轻与重等方面，而非过度考量其规范制定主体。即使由国家强制力保障的法规范，亦存在着具有柔性规制效果的“软法性条款”。② 由此可知，在传统的政治德性发展过程中，政务诚信并未以一种政治理性或者社会理性的形式呈现在律令当中，而是作为具有激情要素的德性通过公民教化达到移风易俗的效果。

（二）发展中的政治德性：寓于社会理性中的政务诚信

思想的发展得益于情感的退场。甚至可以这样认为，思想的客观存在应始终不受情绪的影响。对所感知事物的恐惧或者渴望乃是最简单的情感，但随着世界的客观化，知识的客观意义逐渐与潜在的冲动分离。③ 这种理性的表达对于孟德斯鸠激情理论而言，即已反映了经济生产发展以来社会分工对激情的制约。这种制约往往表现在，为了实现自我价值将个人情感超脱于道德德性之外。前者成为传统道德德性的一部分，后者具备了道德理性的基础，而从个人情感抽离出的社会任务则形成了与政治德性相近的社会

① 刘长秋：《党内法规属性的再认识》，载《中南大学学报（社会科学版）》2023年第1期。

② 在国家强制力保障实施的法律文本中，大量嵌入“倡导性条款”可以激励公民作出特定的行为，但该种激励的方式本身并不具备强制性。参见廉睿：《“软”条款何以输送“硬”效力？——〈环境保护法〉中的“软性条款”研究》，载《河北法学》2023年第11期。

③ ［德］阿多诺：《最低限度的道德》，丛子钰译，上海人民出版社2020年版，第143页。

理性。理性不完全等同于价值意义上的善，通常说的理性更多时候仅具有工具性的意义，即所谓功利理性或者工具理性。与之相对应的叫作道德理性或者是价值理性。① 因此，在政治德性理论的作用场域中，政务诚信的发展即代表了一种政治理性。通过社会理性的群体共识实现对政治德性这一激情要素的遵从，并以制定确定性规范的形式，使得政务诚信成为具有社会理性的共性价值。每个公民个体可被认为是受制于两重关系，即个体本身和社会，而且不可能有任何一种根本法律是可以约束公民共同体，哪怕是社会契约本身。② 这对契约型社会伦理的构建，无疑贡献了划时代的意义。抛开社会公约中一切非本质的内容，契约可简化为如下内容：我们每个人都以其自身及其全部力量共同置于公益的最高指导之下，并且我们在共同体中接纳每一个成员。作为全体之不可分割的一部分，每个服从全体的人并未服从于其他任何人。全体将强迫不愿意服从全体意志的人服从，这仅仅意味着强迫他们自由。③ 从激情到理性的转变，代表着人类文明从原始族群迈向社会化，更是基于政体观念下的政治德性在社会信用构建过程中的价值指引。此种社会理性是社会治理法治化的价值依托，在法治社会建设的主体工程中需要通过政务诚信建设来不断完善社会治理体系。尤其在发展新时代“枫桥经验”的过程中，依法维权等诉源治理和多元纠纷解决机制的完善必须将政务诚信建设作为化解群众矛盾和强化政府公信力的关键保障。④

四、基于全国统一大市场建设的未来指引：政治德性融入政务诚信的未来发展面向

以贯穿核心价值观的道德教育引领社会思潮，这是牢固占领思想舆论阵

① 江山：《法哲学要论》，中国经济出版社 2014 年版，第 493 页。

② ［法］卢梭：《社会契约论》，何兆武译，商务印书馆 2003 年版，第 26-27 页。

③ ［法］莱昂·狄骥：《宪法学教程》，王文利等译，郑戈校，辽海出版社、春风文艺出版社 1999 年版，第 21-22 页。

④ 陈柏峰：《习近平法治思想中的法治社会理论研究》，载《法学》2021 年第 4 期。

地和凝聚社会共识的必由之路。① 在要素市场化改革的经济发展过程中，将政治德性融入廉洁合规可谓是稳固社会主义市场经济的一剂强心剂。基于改革开放以来的巨大变革，"政治经济一体化"的发展脉络体现为意识形态与政治结构在经济领域的耦合。为避免私人资本发展导致民营经济成为官僚机构腐败的来源，国家一般通过行政控制以实现经济结构的调整。由历史发展的规律可知，我国社会主义市场经济同样也受到了来自政治、经济和意识形态等多个子系统的调节，从而抵御自由化市场的过度冲击。

（一）加强和改善党的领导：将政治德性融入政务诚信的根本立场

坚持党的领导即为当今时代我国经济社会发展过程中的根本立场，也是最大的政治德性。亚里士多德曾有言，过度和不及都属于恶，而中道才是德性。② 公平正义是政治德性的基本价值追求，而在伦理道德的视野中，公正通常要求人们按照一定道德标准做相应的事情，并且得到相应的回报。公正在关乎得失的同时，协调的是付出与回报的关系，其核心乃是追求付出回报之间比例适当。因此，某一项政治制度存在的合理性并非根植于理论家的思维，而是来源于反映不同利益表达的经济关系之中。不同的利益群体能否公正表达自身的利益观，决定了政治制度的合理性基础，而合理性恰恰又是政权进行稳定善治的道义基础。③ 早在 2018 年，政务诚信的调查报告显示，83.70%的受访者对政务诚信建设表示"比较满意"或"非常满意"。其依据体现在，党的领导积极推动了行政机关依法行政，强化行政责任制和行政问责制，不断提升政府公信力。④ 这集中体现了政务诚信建设的根本立场，即党坚强有力

---

① 张永红：《新加坡引领社会思潮的举措及启示》，载《辽宁教育行政学院学报》2018 年第 6 期。

② ［古希腊］亚里士多德：《尼各马科伦理学》，苗力田译，中国社会科学出版社 1999 年版，第 37 页。

③ 韩桥生：《政治道德论》，江西人民出版社 2016 年版，第 86-87 页。

④ 人民论坛课题组：《超八成公众认为诚信是实现中国梦的重要基础——当前中国公众诚信观念与诚信意识调查报告》，载《人民论坛》2018 年第 7 期。

的领导，代表了政务诚信背后的人民主权基础。在加快政府的法治化水平过程中，执法机关的科学监管强化了不特定多数人形成的公众群体感知。在多元主体参与竞争的市场经济模式下，自由市场的无序是政府虚无主义的代言，这与政府万能主义的过度监管形成两个极端。只有在党的领导下，此种政治德性可借助执政党的影响融入市场经济的政务诚信建设过程中。

（二）丰富政务诚信的市场监管制度机理：政治德性融入市场监管的关键举措

在立法层面，政务诚信的规则构建应当确立发展与服务并重的理念。在立法模式上，若针对自贸区，可采用单独立法模式和“总-分”的立法结构。在全国统一大市场建设的背景下，为避免地方保护主义形成的要素流通壁垒，更应倾向于统一的立法模式。“全国一张清单”，有助于防止地方政府履行经济行政监管职能时阻却全要素市场的自由流通（权利义务清单、正面负面清单）。在经济社会的制度变革中，每个人都是利益关联方。政府领导人天然地期待自由和稳定，因为这都是原则性的立场。多元市场主体对于某一个政策的偏好代表了对于这种利益稳定的追求，最关键的在于不同的经济政策变革将如何影响他们的利益。① 在把握不正当竞争和垄断的识别判断标准时，应从特定市场要素的基本性质入手。以数据垄断为例，为实现该部分市场要素监管的政务诚信功能，政府应事先设定公共义务，厘清数据垄断主体的合规审查程序甚至包括替代性惩罚措施的类型和适用范围，从而构建动态平衡的数据监管规则②，推进第三方公共法律服务平台建设。同时，针对提升政务服务质量的社会需求时，全国统一大市场建设需明确行政监管标准化平台建设的基本要求，这包括政府应强化“公共法律服务”平台建设。针对行政审批的“中梗阻”现象，为避免其对政府公信力的侵蚀，应防止错误的行政审批行为

① ［美］布鲁斯·布尔诺·德·梅斯奎塔、阿拉斯泰尔·史密斯：《独裁者手册》，骆伟阳译，江苏文艺出版社2014年版，第355页。

② 付新华：《论超级平台数据垄断的法律规制》，载《学习与探索》2022年2期。

偏离了政务诚信的基本价值内涵，这包括程序复杂烦琐增加的市场主体运营成本，以及消极竞争、腐败滋生、政企互动不畅等问题。① 因此，基于全国统一的“一张清单”，政务诚信建设的关键在于针对类似情形的相同裁量标准，以及赋予程序救济的天然权限。在可期待利益受到阻却时，通过必要的权利救济程序填补政务失信行为造成的侵害损失。由此，市场主体在政府公信力的恢复过程中可形成更为直观的认同印象。

（三）弘扬政务诚信文化：将政治德性融入全国统一大市场建设的外在条件

诚信文化在我国古代传统文化中代表了群体的道德意志。群体可依据接收到的暗示而实施行为，其道德感相较于构成群体的个体要低得多或者高得多。群体很少会受到他们根据作为独立个体的专属动机而进行利益考虑的引导，因此群体的道德化角色是比较特殊的。② 因此，在面向不特定多数的市场竞争主体时，政务诚信所需的道德感应居于相对较高水平。这对承担监督、执法和教育职能的政府及其组成部门而言，更需要重视诚信文化在政府公信力建设中的意义。

第一，重视政务诚信文化的柔性劝导意义。经验的确定性往往建立在归纳的基础之上。思想看似为语言的伴随物，但也可以独自进行，这意味着存在有思想的语言与没有思想的语言之间的差异。③ 文化的核心功能在于培育民族的归属感和凝聚力，且承担着对政府和公民的教育职能。④ 一国文化的传承伴随着包括思想和语言在内的经验积淀，诚信文化根植于我国传统文化体

① 孙经纬、袁刚：《以“政民互动”改革有效破解行政审批的“中梗阻”——银川市行政审批制度改革的有益尝试》，载《理论探索》2022 年第 2 期。

② ［法］古斯塔夫·勒庞：《乌合之众：大众心理研究》，张艳华译，清华大学出版社 2017 年版，第 23 页。

③ ［英］路德维希·维特根斯坦：《哲学研究》，蔡远译，中国社会科学出版社 2009 年版，第 158–159 页。

④ 江国华：《宪法哲学导论》，商务印书馆 2007 年版，第 109 页。

系，其具有悠久的历史底蕴和良好的发展环境。经济行政领域的市场监管职能，须以“四维”作为秉公执法的内在指引和精神追求。从我国古代传统的“天人感应”哲学理念出发，政治德性的“四维”源于伦常德性中的“礼义廉耻”，而“守礼求仁”在传统儒家政治中被赋予了特定的政治理性内涵。“士”代表的士族阶层，一般通过宗法来体现特定群体的集体政治意志，从侧面上反映了“礼”这一宗法形式作为“仁”这一价值目标的外在前提。从“仁”的遵循理念上来看，无疑将政治德性置于士大夫的政治使命之中，从而代表承载管理国家主要事务的内在品格。政务诚信中的诚信文化，意味着将政治德性的“四维”呈现在现代社会主义市场经济建设的发展过程中。

第二，发挥市场监督者适度“规训”教育的积极意义。对作为一种“规训”的政治德性教育的演化逻辑进行分析就必须遵守教育的规律，因为它并不具有政治、法律、道德以及伦理意义上的直接强制力，其规训的逻辑演化具有自主性。所谓政治德性教育，就是指以培育公民政治德性为目的的教育。根据亚里士多德的观点，政治德性包括自制、信任、慎思、精神力、善意五个方面的内容。政治德性的培育应当通过教育这一温和引导的方式，而并非借助法律和政治等强制性手段得以实现。根据亚里士多德对政治德性教育原则的阐释，政治德性教育必须遵循可能性原则、适当性原则、中庸原则。① 作为一种育人的方式，“规训”在政治德性教育中具有正当性。政治德性教育中的“规训”具有非强制性、长期性以及实践性的特征。从西方身体史对“身体-欲望”的阐释来看，在政治德性教育中的规训是负面的，因为这一规训违背了身体天然的反抗欲望。“身体”不仅仅具有生理面向，还具有文化面向，作为社会组成部分的“身体”具有被规训的需要。与此同时，“身体”还是个人社会价值实现的载体。从未来发展方向来看，政治德性教育的规训应当

① 迟慧：《政治德性教育如何处理反规训欲望——一个“身体史”的视角》，载《安徽师范大学学报（人文社会科学版）》2023年第3期。

致力于对社会人的规训和对好公民的规训。① 由此，市场监督者的柔性规劝在执法手段上的选择，可更好地避免因行政强制或者行政处罚的过度刚性带来较高执法成本的问题。

本章小结：在国家本位主义中回归政务诚信的德性教育功能

综上所述，回归全国统一大市场建设中的市场监管国家本位主义，国家行政监管的“政府万能主义”与自由资本市场的“政府虚无主义”之间存在着天然的矛盾。在“中央-地方”政府的“集权-分权”矛盾平衡过程中，反映了国家对地方市场竞争无序化和行业市场壁垒过度保护的处理态度。诚如学者所言，最初构成民族统一体的整体要素为何最后都变成了缺少凝聚力的个人集合体。在这个过程中，管理者和公民可能因政治德性的缺失而导致国家、社会和个人的利益愿望分离。为实现社会有序发展，需要为不特定公民的琐碎行为提供相对确定的指导，此即为国家在经济行政领域积极效用的集中体现。② 这也说明了，以政治德性为支撑的国家通过政务诚信建设，可将理性作为关键要素不断发挥政务诚信文化对参与市场竞争的公民、法人或者其他组织的潜在教育效果。

---

① 席华娟、迟慧：《反思“身体”：为政治德性教育“规训”辩护》，载《天津师范大学学报（社会科学版）》2023 年第 2 期。

② ［法］古斯塔夫·勒庞：《乌合之众：大众心理研究》，赵丽慧译，中国妇女出版社 2017 年版，第 188 页。

第二章
失信联合惩戒的关联性控制规则

在全国统一大市场建设的战略框架下，政务诚信与失信联合惩戒机制的深度嵌合构成了市场经济秩序现代化治理的核心命题，其关联性控制规则的构建需围绕政府与市场关系的系统性重构展开。作为行政权力运行的道德基石，政务诚信直接决定着市场规则执行的公信力与透明度。若政府在准入审批、监管执法、政策兑现等环节存在信用缺失，不仅会消解市场主体的制度预期，更可能导致失信联合惩戒的权威性稀释乃至异化为权力寻租的工具。因失信联合惩戒的对象多为自然人，在政务诚信建设中，对违反“守信践诺”规则的地方政府及其主要负责人应当从针对自然人的失信联合惩戒中寻求规制路径，以期为提升政府信用形成有效的制度规范样本参考。由法律规则生成的理论来源可知，失信联合惩戒的关联性控制滥觞于禁止不当联结原则。基于司法效率价值之实现需要，关联性控制涵盖联合惩戒之目的评价、失信行为之审查认定以及惩戒措施之实施程序等方面内容。联合惩戒追求之首要目的是保护公共利益，进而达成促进经济效率与实现优化营商环境之功效。失信联合惩戒之规制方法与目的间存在必要的实质性关联。实践中行政执法机关因部门利益保护存在着忽略关联性控制的现象，其表现在以追求行政监管效率为由，违规扩张失信人信息公开范围、失信行为认定结果被不相关的行政事项参考等。应当重点规范严重失信行为并以其为联合惩戒启动的基本前提，对失信惩戒对象、惩戒工具等通过清单管理进行明确。

一、问题的提出：失信联合惩戒为何须强调关联性控制

当下，整个社会处于经济高速发展与急剧转型的轨道上，各处涌现的失信行为成了一种社会现象。这让人们意识到单纯对违法的失信行为从道德上予以评判不足以形成有效的强制力。基于国家强制力规制之社会需求，部分违法失信行为与严重失德行为上升至强制性条款予以立法规制时，部分违法行为和严重失德行为作为联合惩戒对象的必要性应运而生。① 早在 2016 年 5 月，国务院发布了《关于建立完善守信联合激励和失信联合惩戒制度 加快推进社会诚信建设的指导意见》（以下简称《国务院指导意见》），明确指出失信联合惩戒是构建以信用为核心的新型市场监管体制的重要内容。通过法治“救赎”社会失信行为已成为学界和实务界的共同主张，认识法律诚信的真义成为新的时代要求。②

联合惩戒是对失信者采取“跨地区、跨部门、跨领域”的一种或多种惩戒措施。③ 有学者认为联合惩戒并非独立的行政处罚类型，而是“获得有利对待”或“遭到不利对待”的概括表述，可以理解为是一个工具箱……不同的事项，对应的是不同的法律权限。④ 从已经公布的中央与地方信用立法文件来看，联合惩戒具有明显削减相对人权益的性质。实践中，被认为是不当联

① 顾敏康、谢勇、王伟、石新中：《我国诚信建设法治化核心命题笔谈》，载《求索》2020 年第 3 期。

② 类延村：《欧美国家法律诚信之维：合理性、原初义与价值谱系》，载《北方法学》2015 年第 5 期。

③ 李振宁：《信用惩戒的特性和运行机理（上）》，载《中国市场监管报》2019 年 9 月 3 日，第 4 版。

④ 罗培新：《社会信用立法的若干范畴：兼评发改委与央行的社会信用新规草案》，http：//dy. 163. com/article/FK1GGBH1053257CG. html，2020 年 9 月 3 日最后访问。

结的情形经常发生在失信行为认定与惩戒措施适用上。如在失信行为认定方面，拖欠水、电、燃气等公用事业费，经催告后超过6个月仍未缴纳的信息能否直接作为信息主体失信的依据?① 在惩戒措施适用上，以限制参加小客车摇号登记来促进信息主体诚信的行为是否合理?② 如果联合惩戒的目的与手段缺乏关联性的控制，很有可能形成一种“懒政”的趋势，即政府将监管对象众多、监管任务繁重、执行较为困难的事项，都交由信用联合惩戒机制来完成。③

同时，在明确关联性控制的必要性之外，还需要考虑关联性控制如何有效实现。功利主义的研究方法可以为这一问题提供比较明确和有效的方法。行政机关必须思考的问题有：第一，联合惩戒的开展需要耗费资源，“更多的惩戒”与“合理的惩戒”之间应当如何选择才能符合经济效率，实现社会总体功利的最大化?第二，禁入、审批、信息等工具应当如何适用于具体的失信行为?本部分不仅关注现行实体法律规范中对联合惩戒的规定，还重视其目的与手段带来的实际效益，为联合惩戒的关联性控制提供理论参考。

二、功利主义视域下失信联合惩戒关联性的教义学审视

如果联合惩戒所追求的目的是正当的，那么为了达到目的所采取的手段就一定是正当的，或者说是可以容忍的吗?答案是否定的。人们可以从经验层面感受到某一联合惩戒措施不具有关联性，但是无法进一步解释其为何不具有关联性。对相关概念的解释是必要的，法律上的国家干预，从内涵到外延都应当明确和具体，否则，就无法用于法律上的推理，而且可能成为国家机关随意扩张其权力的借口。从功利角度研究关联性，能够为上述问题的研

① 《上海市公共信用信息归集和使用管理办法》第13条。
② 《北京市行政机关归集和使用公共信用信息管理办法（草案送审稿）》第27条。
③ 王瑞雪：《政府规制中的信用工具研究》，载《中国法学》2017年第4期。

究提供有效的价值参考与指引。

（一）关联性控制的功利主义立场

趋利避害是功利主义长期秉持的观点，即人们总是追求快乐而规避痛苦。如果人们对法律是熟知的，对自己在法律关系中享有的权利和应承担的义务是清楚的，会通盘考虑适用法律行为所引致的法律后果，那么就会作出恰当的有利于实现自己利益的行为选择。法律经济学将法律规制体系类比为市场的价格体系，法律的使用者会根据既定的价格体系进行成本收益分析。有学者指出，“三高三低”是失信乱象的根源①，这就是功利原则应用于信用研究的体现。与联合惩戒关系密切的关联性制度自然不能逃脱功利的审视。

联合惩戒关联性的理论源于禁止不当联结原则，该原则要求国家公权力行为必须与立法目的保持合理正当的关联。它基于实质关联性之要求，阻却公权力主体作出公权力行为时，将不相关的主体和不相关的行为因素进行无端关联，从而导致让无辜的主体承受他人行为的不利后果，或者让一个主体过度承受一个行为的多种不利后果。具体而言，虽然联合惩戒并不等于行政处罚，但它同样会对失信者带来诸多不利后果，比如失信信息被推送至“信用中国”网站进行公示、竞争资格遭到限制、受到“增加检查频次”之对待等，因此，联合惩戒同样应当受到关联性的控制，联合惩戒目的与手段之间必须具有实质性、必然性、合理性的联系。

笔者认为，关联性控制的内容包括联合惩戒的目的与手段两个方面，手段包括失信行为认定与惩戒措施。部分信用立法对联合惩戒的关联性作出了规定，如《上海市社会信用条例》在第 31 条、第 32 条分别要求行政机关应当按照不同类型的失信主体就“相关联的事项”采取惩戒措施，并明确规定实施信用惩戒措施的，应当与信息主体违法、违约行为的性质、情节和社会

---

① 刘俊海：《信用责任：正在生长中的第四大法律责任》，载《法学论坛》2019 年第 6 期。

危害程度相适应，不得超越法定的许可条件、处罚种类和幅度，并告知实施的依据和理由。《辽宁省公共信用信息管理条例》规定，行政机关以及法律法规授权的具有管理公共事务职能的组织对本领域失信行为实施的信用惩戒措施，应当与信息主体失信行为的性质、情节和社会危害程度相适应。但这些条款规定原则性较强，无法帮助理论阐释哪些是以及为什么是“相关联的事项”。

（二）联合惩戒的功利属性与关联性需求

信用乃指因诚实、遵守诺言而取得的信任，在法治语境下指行为主体履行法定义务和约定义务的状况，既适用于经济活动，也适用于公益活动等社会活动。① 联合惩戒所追求的信用是一种通过信用信息评价、评价结果互认产生的制度信用，制度信用能够帮助陌生人社会产生合作的可能。在“一处失信，处处受限”的指导下，行政部门通常倾向于设定“更多的惩罚”，而跨地区、跨部门、跨领域的“联合”增强了信用的威慑与约束，同时，也带来了失信认定泛化、联合惩戒措施滥用的弊病。

从功利的角度审视联合惩戒与关联性的原因：第一，社会功利主义认为，一项法律制度的好坏，应当通过其是否增进了社会总体福利来判定。联合惩戒具有明显的价值取舍，在其看来，信用和其他权利一样，都对应着一定数量的功利值。近年来，由于信用缺失问题产生了大量负外部成本（比如销售假冒伪劣产品提升了政府监管成本、消费者筛选成本等），降低了社会总体福利，通过限制失信主体的部分权利来提升社会信用就是增进社会总体福利的过程。如果被损害权利的功利值高于信用的功利值，那么追求信用就是不功利的，无需其他价值评判标准，功利主义让联合惩戒的运行逻辑一目了然。正因为联合惩戒与功利存在这样的紧密联系，强调关联性控制即是在维系联

① 李振宁：《信用惩戒的特性和运行机理（上）》，载《中国市场监管报》2019 年 9 月 3 日，第 4 版。

合惩戒制度存在的意义。

第二，行政主导的联合惩戒容易因为行政机关的功利而偏离“最大多数人的幸福”，这也是很多不当联结现象的根源。信用是陌生人社会产生合作的基础，如果缺乏制度的保护，理性人就会为了自身的利益而剥削他人，从而使得合作难以维持下去，有损社会整体功利的最大化。行政机关与公民之间的关系是一种“委托-代理”关系，“委托-代理”关系也蕴含一定的风险。抽象的政府无法作出决策，组成政府的个体却总是有自己的利益，代理人受利益的驱使难免与委托人发生冲突。首先，代理人利用监督困难的情形采取不利行动，委托人面临更大的道德风险；其次，代理人掌握着委托人所不知的或观察不到的信息，以谋求私利。在联合惩戒中涉及代理人利益时，寄希望于代理人的道德自律过于渺茫，传统行为功利主义①无法解决这一难题，制度功利主义②兼顾了个人对功利的追求以及制度对个人选择的影响，认为可以通过具体的制度来影响理性人的收益函数，以此达到社会总体功利的最大化。关联性控制的功能之一就是减少行政部门借助公权力来追求个人利益的可能性，换言之，关联性是防止联合惩戒为了追求某种目的采取损害过大手段的安全阀，是保证联合惩戒科学性的制度安排。

三、目的与手段：关联性控制的双重维度

联合惩戒目的与手段是关联性控制的主要内容。基于公共利益与经济效率的要求，目的与手段之间应当具有实质性、必然性的关联。通过审视联合

① 行为功利主义认为权利背后的功利值大小才是衡量行为对与错的标准，正义、公平等原则仅仅是价值衡量的因素，可以因为更大的功利值而被摒弃。

② 制度功利主义认为个人行为的动机不只是受个人对功利大小计算的影响，更受制度所提供的动机的影响。特别是在对制度进行判断时，个人只依赖于制度所提供的动机，而不会受到个人对功利大小的计算的影响。参见晋运锋：《权利奠基于功利——当代功利主义对权利之基础的思考》，载《法制与社会发展》2012 点第 6 期。

惩戒目的与手段的现状，分析存在的问题并提出合理建议，以此明确关联性控制的范围，提升关联性控制的实际效果。

（一）失信行为联合惩戒目的之关联性审视

联合惩戒的目的是影响失信认定、惩戒工具适用的重要因素。联合惩戒的目的应当明确、具体，能够有效指导手段的实施。根据相关文件的规定，联合惩戒的目的是“提高全社会诚信意识和信用水平、改善经济社会运行环境”①，而实践中，其目的一般表现为杜绝失信行为发生。现实的问题是，这些目的都太过宽泛，缺乏明确的价值标准。如果我们不能更加清楚地界定其范围，那么关联性控制就失去了意义。笔者认为，为了避免公权力对市场经济、社会生活的过度干预，以及寻求一种可能更具有说服力的理由，联合惩戒的实施目的应当从以下几个方面来进行规范。

第一，法律作为社会治理的公器，应当追求公共利益（诚实守信的氛围当然可以认为是一种公共利益），而不是任何特定个体的利益（比如行政部门自身的利益）。公共利益可以认为是对社会功利的最大化的概括性表述，即“最大多数人的幸福”，这也是对联合惩戒目的的限缩。依照制度功利主义的观点，至少可以通过一种制度来保障“大部分人的幸福”，换言之，当行政部门认定失信行为、实施惩戒措施时，必须考虑公共利益并说明理由，这个理由需要经过告知、听证等程序后方能有效，以往那种以提高信用威慑与惩戒效率为名，不经告知、听证程序直接施加惩戒的做法应当被质疑是与公共利益目的相悖而无效，这就意味着“方便管理”“处处受限”等容易造成失信认定泛化、惩戒工具滥用的现象能够在一定程度上被遏制。

第二，联合惩戒应当以提高经济效率为目的。具体而言，目的对手段的控制旨在手段所损害的功利值不能超过目的所追求的功利值，应当符合社会

---

① 参见《国务院关于印发社会信用体系建设规划纲要（2014—2020年）的通知》（国发〔2014〕21号）。

功利最大化的要求。符合提高经济效率的目的包含两个层次，第一层次即设法杜绝失信行为。从经济角度来看，失信的负外部性会产生社会成本，而联合惩戒就是强迫失信人承担其产生的社会成本，如此一来，失信行为者的净成本就是其自身的净成本。这有利于减少失信行为的社会影响。第二层次是指当人们必须选择失信时，联合惩戒所追求的应当是损害较小的结果，即不把惩戒数量作为必然的评价标准。比如新冠疫情期间，因为被隔离等原因，出现了大量贷款逾期行为，此时不宜将这种逾期行为视为失信并启动联合惩戒，因为这无益于信用价值的实现而又耗费资源。另外，在以公益救济为目的的行政行为中，即使救助对象存在失信信息，如果该信息与申请救助事项无关，就不得因此拒绝行政给付，这也是经济效率所要求的。

综上所述，关联性对联合惩戒目的的控制是指，目的应当以实现公共利益和提高经济效率为标准，对实现公共利益而言，应当充分说明理由，通过告知、异议等程序保障公共利益的唯一导向。就提高经济效率而言，在有法必依、执法必严的一般目的外，充分考虑信用与其他价值的功利值，因地制宜作出调整，在合法框架内追求更大的价值。

（二）失信行为联合惩戒手段的关联性审视

联合惩戒手段包括失信行为认定与惩戒措施适用，前者是有关部门和社会组织在依法依规对本领域失信行为作出处理和评价基础上，通过信息共享，推动其他部门和社会组织依法依规对严重失信行为采取联合惩戒措施。后者是指有关部门通过信用评价结果互认后对信息主体采取跨地域、跨行业、跨部门的惩戒措施。联合惩戒的手段遭受关联性质疑较多，因其直接影响信息主体的信用评价与相关权利，有必要从信用信息收集与使用、惩戒工具选择等方面完善手段的关联性控制。

1. 失信行为认定的关联性审视

失信行为认定的关联性控制主要围绕信用信息的收集与使用，这也是科学界定失信行为的重要前提。实践中，失信行为认定出现的问题类型大致如下：

（1）失信行为主体的不当认定。具体包括失信信息范围模糊和第三人信用信息不当使用两个问题。失信信息不能完全等同于违法信息，否则信用惩戒就成为同一事实的二次惩罚，山东教师因体罚学生而被拉入信用黑名单就是错误地将违法和失信等同。再如居民拖欠水、电、气、暖费用的情形，与税收不同，这只是私主体之间的民事法律关系，拖欠费用的信息当然可以被用于商业机构内部评定用户信用的标准，但行政机关不得为了“便于水、电、气、暖公司收费管理”这一目的将拖欠信息认定为法律上的失信，因为这种行为很难认定是为了公共利益，且完善催告缴费程序的成本明显要低于惩戒成本。失信行为认定所使用的信用信息原则上只能是失信主体自身的信息，如果第三人并未参与失信，仅因其与失信主体有血缘等关系而收集使用其信息，无疑是扩大了失信认定的对象范围，违背了现代法治“罪责自负”的基本原则。

（2）失信信息与行政事项的不当联结。即某一失信信息在A领域应当被认为是失信行为，但在B领域也将该失信信息作为失信行为认定的依据缺乏必然、正当的关联。相对人不特定的既往行为与一揽子惩戒方案相对应，很难与比例原则、不当联结禁止原则以及行政行为的明确性要求等价值完全匹配。① 例如：有的地方规定有关部门在政府采购、招标投标、财政补贴、评先评优或者人员招聘等活动中，对有失信记录的自然人，视其情节可以采取限制、禁入等惩戒措施。② 此种规定存在诸多不合理之处，首先，霸占他人座位的失信信息可否作为减少招投标分数的依据？其次，两者之间是否有关联性只能由行政机关任意裁量吗？有学者指出，失信的适用范围应当严格限定于与诚信价值有关的行政事项，尤其应当关注该行政事项是否会考量行政相对

① 王瑞雪：《政府规制中的信用工具研究》，载《中国法学》2017年第4期。

② 《无锡市公共信用信息条例》第27条。

人发生欺骗、造假、作弊、虚报、冒领、违约等行为的可能性。①

笔者认为，失信行为认定以失信信息为基础，从而筛选出公权力可以干预的失信行为。必须首先从信用信息这一源头开始把握失信信息与失信行为的关联性，即失信信息的收集与使用应当遵从公共信用信息目录管理制度。在中央文件已有标准的情况下，部门规章、地方立法、地方政府规章等不得超出标准，将严重失信标准泛化，而一般失信行为与是否启动联合惩戒必须有合理的说明。《国务院指导意见》明确规定了四种严重失信行为类型②，应当将认定这几种严重失信行为所需求的信息作为启动联合惩戒的失信信息类型，各地可以因地制宜进行调整，但不得再添加不具有相当性的失信信息类型。《南京市社会信用条例》对失信对象认定作出了规定，要求不得对失信主体以外的第三人实施社会信用惩戒措施，这也可以在公共信用信息目录中确定相关部门对第三人信用信息使用的范围，降低“误伤”第三人的可能性。

2. 惩戒措施适用的关联性审视

近年来，随着中央出台联合惩戒备忘录和地方信用立法的数量不断增长，联合惩戒措施覆盖了诸多领域、行业，惩戒措施适用场景不断扩大。惩戒措施是在经济、社会活动中对失信主体设置障碍或进行限制的具体表现，能够影响失信主体的不同权利与义务。

按照《国务院指导意见》的规定，惩戒措施划分为行政性惩戒、市场性惩戒、行业性惩戒、社会性惩戒。③ 通过对相关文件的考查，惩戒措施具体有：第一，在申请行政审批项目方面从严审核。第二，在相关市场准入等方面对失信主体实施限制或者禁止措施。第三，将失信主体纳入重点监管对象，

① 沈毅龙：《论失信的行政联合惩戒及其法律控制》，载《法学家》2019 年第 4 期。
② 《国务院指导意见》第 9 条。
③ 《国务院指导意见》第 10-13 条。

增加检查频次，加大监管力度；并对再次违法违规行为给予从重处罚。① 第四，禁止、限制失信主体参与评奖评优和享受优惠措施。第五，对失信主体实施限制出境，限制乘坐飞机、乘坐高等级列车和席次等措施。第六，信息工具。即利用公开、共享等手段将失信信息使其他机构、个人知晓，间接影响失信主体的经济利益与声誉。

行政部门将联合惩戒嵌入不同行政事项中，必须结合该事项的目的合理选用惩戒工具，以防止联合惩戒缺乏灵活性与合理性。边沁认为，惩戒只有在其能够排除某种更大的损害时，才会被允许。这一观点要求惩戒不能只追求数量上的压迫感，需要考虑其他因素。从关联性控制的角度审视上述惩戒措施，需要考虑不同失信行为与所对应的联合惩戒措施之间是否具有当然性、实质性的关联。所谓当然性与实质性，是指如果不采取该种惩戒措施就无法达到杜绝失信行为再度发生的目的，且惩戒措施的范围、时间、轻重与失信行为之间具有相当性，不能是联合部门的惩戒措施“一拥而上”。

四、失信联合惩戒关联性控制的程序保障

虽然联合惩戒具有行政主导的特征，但行政部门不可能在联合惩戒的每个环节上都保证公正与效用，尤其行政部门自身存在功利追求时，关联性的解释很可能被其垄断，其控制难以发挥效用。作为一种人为的、主观性较强的社会治理手段，联合惩戒制度缺乏行政机关与其他主体之间的充分博弈，程序性保障能够减少“委托-代理”关系中信息不对称的难题，这不仅让相对人知晓自身权益，能够通过异议等途径维护自身利益，也保证了联合惩戒必须经过关联性的检验才能发挥效用。

① 《关于对文化市场领域严重违法失信市场主体及有关人员开展联合惩戒的合作备忘录》。

当前失信主体程序性保障较为突出的几点不足如下：一是救济程序模糊。把公民纳入失信联合惩戒名单缺乏《中华人民共和国行政处罚法》所规定的正当程序，没有遵守对其事先告知、提供申辩和听证机会、集体讨论决定的程序。与目的不具有关联性的惩戒直接施加于主体，对经济效率与个体利益造成负面影响，相对人不知晓其具体权利，难以有效维护自身利益。二是执行监督机制的缺失。失信行为认定和适用惩戒措施过程中必须就关联性进行说明，监督的存在是保障关联性控制的有效防线。无程序即无正义，通过编制公共信用信息目录、惩戒措施清单，能够在一定程度上破除信息不对称的困境，有利于关联性控制机制公开透明，防止被个人利益所裹挟。

以联合惩戒施行前后为分界，应当存在两种程序保障。第一，失信信息的具体类型应当纳入公共信用信息清单管理，失信信息只能作为与之相关的行政事项的决策参考，对列入严重失信名单的信息主体采取惩戒措施的，应当告知理由、依据和救济途径以及解除惩戒措施的条件，涉及公民基本权利事项或者法律保留内容的，应当以法律法规既有条款为依据。对失信主体采取减损权益或增加义务的惩戒措施，必须基于具体的失信信息，不能直接以“失信信息较多”或者“信用分太低”而直接作出行政决定。第二，联合惩戒备忘录与地方立法应规定惩戒措施清单目录制度，由信用主管部门牵头梳理惩戒措施，并向社会公示。这一方面给行为人以指引，向其明示行为后果而非不测打击；另一方面增强信用惩戒的“透明度”，约束行政主管部门和信息掌握机构的惩戒裁量权，鼓励第三方社会主体对制定惩戒的理由进行监督讨论。

本章小结：从“不教而诛”到“过罚相当”

基于公民利益的信赖保护原则，行政执法中的优益性应恪守必要之尊让。完善失信联合惩戒机制须避免行为功利主义的违法观。借用刑法学当中行为功利主义的违法性认知理论，失信主体对不遵守信用的行为和结果认知往往具有一定的预见性，至少体现为间接的“明知”。因而，其在接受联合惩戒的过程中仍应遵循法定程序，且应满足“过罚相当”的要求，否则“一事二罚”的情形将侵蚀基于政务诚信的信用法治环境。

长期以来，“高铁霸座”“生产假冒伪劣产品”等失信行为的高发和惩戒措施阙如让信奉诚实守信这一珍贵道德品质的人们扼腕叹息。联合惩戒是国家为了加强法律实施、促进社会诚信风气的形成而实行的社会治理手段。关联性控制的提出是联合惩戒备忘录与地方信用立法制定热潮下的冷思考，它从功利主义的角度出发，指出联合惩戒与关联性是互相支撑的，联合惩戒必须通过关联性审视来追求社会总体功利。更重要的是，虽然行政部门不以营利为目的，但其以税收为成本，行动所耗费的资源比个体更多，也正是因为政府不以营利为目的，我们也就失去了衡量政府业绩和官员的重要机制。抽象的政府本身是不能思考的，而决策者是活生生的个体，其思维方式和私企企业主并不会相差太远，这是制度设计者应解决的问题。失信联合惩戒的精准实施通过对市场失范行为的跨部门协同规制，倒逼政府部门以诚信履职重塑治理权威，形成“政府守诺-市场守信”的良性循环。这种双向互动关系的法治化路径，不仅要求以统一社会信用代码为数据纽带，构建覆盖政务承诺履约、行政审批效能、政策执行追溯的全链条信用评价体系，更要通过标准化信息共享平台破除部门间的数据壁垒，使失信行为的认定标准、惩戒梯度与修复程序突破行政区划与行业藩篱，在法治框架内实现跨区域、跨层级的效力贯通。同时，国家还需警惕失信惩戒权扩张对多元市场主体公平参与市场竞争权益的侵蚀。因此，未来还需建立失信行为清单动态调整机制和失信联合惩戒的异议申诉快速响应机制。以比例原则为指引，在惩戒强度的约束过程中形成“激励守信、惩戒失信、权责对等”的关联性控制规则体系，从而为全国统一大市场清除隐性壁垒以及激发制度红利提供坚实的信用治理支撑。

总而言之，关联性是联合惩戒不可或缺的一部分，行政部门因关联性控制而审慎决策，重视成本与收益，减少简单粗暴的行政行为。民众因关联性控制而不必担心“不教而诛”。联合惩戒要在信用法治政府建设过程中体现为科学有效的信用监管制度，此即对失信联合惩戒的关联性控制规则形成了一定的路径依赖。

第三章

政务诚信的守信激励规则

守信激励制度的生成源于柔性行政与信用法治建设要求，其形式上表现为国家行政机关及相关社会组织依照法定程序给予守信主体以物质或精神奖励，实质上落脚于赋予守信主体博弈均衡之显著性以引导守信主体主动选择该均衡的过程。在全国统一大市场建设的制度完善过程中，统一市场规则与守信激励机制之间形成了深度耦合，其旨在破除市场分割、激活要素流通的核心动能。因而，基于政务诚信建设的时代背景，守信激励须通过法治化规则演进，从而强化政务诚信对市场主体的制度性信任。在守信激励行政规制过程中，因信用信息不对称、行政主体“轻激励而重惩戒”以及激励内容实现之程序条件过于严苛等致使激励动机不明确、激励对象覆盖面过窄乃至逆向行为选择增加信用治理成本。应当进一步完善守信激励配套行政立法规范，强化守信激励宣传影响效度，妥善引入第三方信用信息服务以完善信用评价体系，适度扩大受激励主体范围并给予司法上之程序救济衔接路径保障。

一、守信激励的应然内涵

诚实守信作为民法上的“帝王规则”，在信用立法体系中乃属可由行政强制力保障的法律价值之一，其集中体现为信用法律规范对道德的约束作用。通常，法律对道德的继受体现为两类，即以原则性规定为形态的训示规范与以规制对象、内容与程序等为具体形态的效力规范。① 2016 年 5 月，《国务院指导意见》明确提出要建立完善守信联合激励制度，健全褒扬和激励诚信行为机制。2017 年 10 月，国家发展改革委、人民银行联合发布《关于加强和规范守信联合激励和失信联合惩戒对象名单管理工作的指导意见》，其中提出要建立守信联合激励的“对象名单”制度即守信激励“红名单”制度，包括建立健全守信联合激励对象名单管理与应用制度，规范“红名单”对象的认定、奖励、反映监督和退出机制等。2018 年，国家发展改革委《关于探索开展守信激励创新试点的通知》提出了“守信受益、信用有价”的理念，鼓励政府及其他行政主体应当对守信对象提供行政审批、融资信贷等方面的便利。守信激励实际效能正在逐渐延展，但从社会信用立法体系层面考量守信激励的制度构建仍显不足。由此，守信激励立法应回归信用惩戒实践运行的现实问题，充分考虑守信激励互动结构中主体的特性与需求，从而为构建科学有效的制度框架和诚信建设长效机制提供学理参考。

（一）守信激励的概念评介

诚实守信在社会评价中具有积极性，其可形成可靠的人际信任并减少因为缺乏信任而产生的交易成本。良性发展的社会需要借助各种力量不断促进守信行为出现，因而从守信者层面形成的制度激励在回应信用立法现实需要层面具备了较强的时代特色。英国学者穆勒曾有言，一个人如果为了他自己或某个人的方便，就自行其是，破坏人们彼此之间对于对方的言谈或多或少能够给予的信任，剥夺了人们由于彼此的信任得到的好处，使人们由于丧失

① 罗培新：《社会信用法：原理·规则·案例》，北京大学出版社 2024 年版，第 52 页。

信任而受损，那么他的行为就无异于人类最大的敌人。① 当前，在失信行为高频出现的大环境下，行政主体在弘扬诚信价值、倡导守信文化方面通常以惩戒规制形成震慑效应，因道德约束缺乏国家强制力从而使得效力性立法规范的作用尤其凸显。激励作为行政管理手段之一，在国家治理以及公民参与政治、社会生活中扮演了不可或缺的角色。行政主体借助物质奖励、精神奖励以及潜在社会影响形成的便利配置有限的市场资源，从而建立起民众对国家立法权威的信任，实现倡导的主流价值理念。

与守信激励相近之概念乃为行政奖励，即行政主体为鼓励先进，鞭策落后，对为国家和社会作出较大贡献或显著成绩的行政相对人依法给予物质奖励或精神奖励的行政执法行为。② 具体而言，守信激励行政立法规制之目的在于将褒扬诚信的道德评价上升为具有直接法律效力的一部分，以物质或精神奖励的方式激励信用主体将诚实守信的追求内化为自我认知的世界观与价值观，最终从整体层面提高社会信用的群体意识与守信水平。从现有信用立法规范内容来看，守信激励的内涵亦呈现愈加丰富的特点。我国各地守信激励的立法实践中具体表现如下：《浙江省公共信用信息管理条例》第 22 条将守信激励实施主体范围扩大至各级国家机关、金融机构以及其他市场主体。③《厦门经济特区社会信用条例》基于守信的作用效果从提供公共服务的便利化、政府项目优先、政府性资金安排、政策支持、保障自然人有关权益等五个方面进行激励引导等。由此可见，守信激励的实施对象为守信主体，即符合要求的企业和个人，这就意味着激励对象并不局限于某些具有突出贡献的

---

① ［英］约翰·穆勒：《功利主义》，徐大建译，商务印书馆 2019 年版，第 27 页。

② 杨惠基：《行政执法概论》，上海人民出版社 1998 年版，第 169 页。

③ 参见《浙江省公共信用信息管理条例》第 22 条内容，各级国家机关可以按照国家规定在实施行政许可、财政性资金和项目支持、公共资源交易等方面对守信主体采取激励措施。鼓励金融机构对其认定的信用状况良好的信息主体在贷款授信、费率利率、还款方式等方面给予优惠或者便利。鼓励其他市场主体对其认定的信用状况良好的信息主体给予优惠或者便利。

个人或者团体，而是面向更大范围的群体。同时，守信激励的实施主体范围较广，其涵盖了政府、企业及行业组织，此可为社会多元主体共同参与形成“奖励诚信，惩治失信”的氛围。尽管守信激励与行政奖励存在诸多相似之处，但其不能完全等同于行政奖励。在以政府主导，多元主体共同参与的社会信用法治体系建设背景下，守信激励拥有更具体的历史使命和丰富内涵。由此，笔者认为守信激励应当指国家行政机关及有关组织依照法定程序给予合乎信用的行政相对人以物质奖励或精神奖励的管理制度。

守信激励机制之内在精神定位于信用遵守的制度结构对个人利益的肯定，在于制度设计目的与个人利益的一致性。此种利益既可称之为物质利益，亦可表现为精神满足。在实现惩戒价值功能之同时，也向守信者传递了守信的价值。若将失信惩戒看成对守信者的“反向约束”，守信激励即为对守信者的“正向褒奖”。作为追求自身利益最大化的“理性经济人”，守信激励作用对象即为利益分配的优先判断者。在负面惩戒与正面嘉奖影响下，守信者认为选择守信既自愿且有益。因而，守信激励机制的研究重心为不完全信息下的信用激励。一个有效的制度安排必须形成一个纳什均衡。① 即公民、法人或其他组织作为守信范畴内之主体存在，其自愿遵守制度是该机制科学运行的逻辑起点。当同时存在多个均衡情形时，法律作为调整工具将赋予某种均衡以显著性以使得其成为“更好的选择”。守信激励的这种特质可在个体互动中发挥有效引导作用，能够促使守信从道德观念上升为社会共同体对制度激励的信任。

（二）守信激励的功能表现

根据国务院《关于印发社会信用体系建设规划纲要（2014—2020 年）的通知》内容，社会信用体系以健全覆盖社会成员的信用记录和信用基础设施

① 纳什均衡是指在某一个具体情形下，博弈的任意一方都无法再增加其收益。

网络为基础，以信用信息合规应用和信用服务体系为支撑。守信激励应用场景的拓展能够提升正面信用信息的价值，让信用主体从经济的角度重视信用。例如，在以政府为主导的大型招投标活动中，信用良好的主体能够获得加分，政府可以基于具体的信用分以避免暗箱操作。守信激励法律机制能够将诚实守信转化为真币，有效驱逐机会主义给信用主体带来的虚假利润，守信激励将信用的价值渗透到社会生活的各个角落。除行政许可外，金融、租赁等活动均可引入激励机制为更多市场主体决策、管理与控制提供有效的、直观的辅助工具。①

当前部分地区的信用立法将守信激励的措施描述为对信用状况良好的自然人、法人和其他组织，在同等条件下给予优先、优惠等待遇。② 具体激励措施如表 1 所示。

表 1　部分省市信用立法对守信激励的具体规定

名称	激励措施内容
《湖北省社会信用信息管理条例》	（一）在行政管理和公共服务过程中给予支持和便利；（二）在财政支持、政府采购、政府投资项目招标、国有土地出让、融资信贷、媒体推介、荣誉评选等活动中，列为优先选择对象；（三）国家规定的其他激励措施
《上海市社会信用条例》	（一）在实施行政许可中，根据实际情况给予优先办理、简化程序等便利服务措施；（二）在财政性资金和项目支持中，在同等条件下列为优先选择对象；（三）在公共资源交易中，给予信用加分、提升信用等次；（四）在日常监管中，对于符合一定条件的守信主体，优化检查频次；（五）国家和本市规定可以采取的其他措施
《河北省社会信用信息条例》	（一）在行政管理和公共服务过程中给予优先办理等便利；（二）在政府性资金安排和项目支持中，列为优先选择对象；（三）在公共资源交易中，采取信用加分等措施；（四）在日常监管中，优化抽检和检查频次；（五）依照国家和本省有关规定授予相关荣誉称号；（六）法律、行政法规规定可以采取的其他措施

① 参见国家发改委《关于探索开展守信激励创新试点的通知》内容。

② 《无锡市公共信用信息管理条例》第 27 条。

续表

名称	激励措施内容
《南京市社会信用条例》	（一）市场主体创新创业过程中，给予经费支持、孵化培育等；（二）市场主体申请办理证照或者资质等级评定过程中，予以优先办理，适用告知承诺、容缺受理等制度；（三）市场主体运营过程中，在电力获得、施工许可等环节享受流程简化、费用减免等待遇，优先给予财政性资金补助、项目支持等政策扶持；（四）日常监管中，降低抽查比例，减少检查频次，更多适用非现场检查方式；（五）市场主体退出过程中，给予简易注销、流程简化等待遇；（六）依照国家、省、市有关规定授予相关荣誉称号；（七）国家、省、市规定的其他措施
《辽宁省公共信用信息管理条例》	（一）在行政管理和公共服务过程中，实施绿色通道、容缺受理等便利化措施；（二）在实施财政性资金项目安排、招商引资配套优惠政策等各类政府优惠政策中，在同等条件下列为优先选择对象；（三）在有关公共资源交易活动中，依法依约采取信用加分等措施；（四）在教育、就业、创业、社会保障等领域，给予重点支持和优先便利；（五）在日常检查、专项检查中优化检查频次；（六）在“信用中国（辽宁）”网站或者相关媒体上宣传推介；（七）国家和省规定的其他措施

守信激励的实施仰赖各级政府创建信用信息平台，及其经由信息公开程序展现的各类信用信息。换言之，政府可将信用主体的正面信用信息作为提供“容缺受理”“绿色通道”等便利服务的决策参考。在缺乏一整套社会信用有效评分的情况下，此意味着个人信用可信度的证明责任落在个人身上。因此，在以社会信用为主导的社会中个体融入社会经济体系是一种必要选择。由《南京市社会信用条例》可知，行政机关、法律法规授权组织以及受委托的管理公共事务职能组织等主体在法定权限范围内可对无失信信息记录的社会信用主体采取激励或者便利措施。[①] 将不存在负面信息的对象纳入守信主体范围，守信激励覆盖更广泛的主体，可让民众切实感受到诚实守信之效用。

① 《南京市社会信用条例》第35条。

二、守信激励的理论观照

探寻守信激励法理依据之意义时，其核心命题在于回答为何要将守信激励作为信用治理的手段之一。守信激励机制如何让法律市场中的购买者即信用主体，确信其与其他主体在交往过程中选择守信是最有利于其自身利益的，这必须从行政管理方式的发展与转型、权利义务关系以及重复博弈三方视角衡量守信激励制度形成之必要性所在。

（一）行政管理方式的发展与转型

褒扬、激励守信行为是诚信建设内容之一。在现代行政过程理念影响下，倘若奖励和惩罚两种手段均可达成目标，则奖励自然为更优选择。边沁认为，国家的法律并不能直接给人们提供生计，它们能做的只是创造驱动力，亦即惩罚与奖励，凭借这些驱动力，人们会被导向为自己提供生计。法律也不能指导个人寻求富裕，它们所能做的只是创造条件，以刺激和奖励个人去努力占有更多的财富。①守信激励从经济学角度亦可被认为守信主体借助对自身主观信用状况的判断而获得客观上可期待的经济利益。在从计划经济向中国特色社会主义市场经济转型过程中，部分行政主体借助行政强制命令实现市场资源配置一直为学界所诟病。失信惩戒执法机制作为可直接影响失信信用主体权益的行政手段，自然备受行政机关青睐。守信激励制度在一定程度上被漠视，是因“惩戒为主，激励为辅”的现状。在饱受争议的各类失信惩戒案例中，依赖纵向行政法律关系推动信用建设，其在长远效果上难以发挥正向引领作用。学界愈加注意到非强制性、非命令性手段的重要性。应松年教授认为，与传统的管制行政相比，行政机关的服务功能得到强化。

① ［美］E·博登海默：《法理学：法律哲学与法律方法》，邓正来译，中国政法大学出版社 2017 年版，第 111 页。

执法手段文明化、多样化，强调激励和合作，出现了行政奖励、行政合同和行政指导等“软行政”。① 同理，随着物质和精神文明的同步发展，法律规范的鼓励归结将逐步增加，其开始成为与责任归结并行不悖的两种社会功能。② 也有学者提出，明确将包括奖励在内的激励功能确定为现代法律的一项基本功能。③

由此，社会信用法治保障体系的构建不仅需要强制性、命令性的法律规范，更须激励主体与守信主体之间形成必要的意思自治。让行政主体、法人及其他社会组织以及公民在同一水平开展合作，这既是对新型行政管理手段的检验，也是几个主体之间有效博弈的前提。守信激励和失信惩戒机制直接作用于各个社会主体信用行为，是社会信用体系运行的核心机制。④ 唯有重视守信激励制度的价值，探索新型的信用风险防控方式，才能发挥激励与惩戒在诚信法治建设中“双轨并行”的作用。

（二）权利义务关系

守信激励属于信用主体的权利，因此守信激励之结果是由守信主体获得物质或者精神奖励来体现。尽管信用主体必须采取一定手段达到标准，才能使自己获取奖励，但不能说达到标准是信用主体的义务，这和信用修复是不同的。⑤ 此意味着，获得激励是信用主体在达到标准后的一种权利，并不需要负担相对应的义务。⑥ 守信激励中的义务主要指守信主体应承担之

① 应松年、袁曙宏：《走向法治政府——依法行政理论研究与实证调查》，法律出版社 2001 年版，第 254 页。

② 魏再龙：《法律权利论》，湖北人民出版社 1990 年版，第 117 页。

③ 付子堂：《法律功能论》，中国政法大学出版社 1999 年版，第 63-81 页。

④ 参见国务院《社会信用体系建设规划纲要（2014—2020）》的内容。

⑤ 在信用修复语境下，信用主体如果不及时采取措施，使自己的信用状况恢复到正常状态，就会承受不同类型的责任后果，比如承担违约责任或者被实施联合惩戒。因此信用修复是信用主体的一项义务。

⑥ 如实提供信用信息是贯穿信用治理全过程的义务，并不是守信激励的特有义务。

法定义务，即守信激励实施的行政主体应真实准确制定受激励主体的范围、条件、程序等，及时给付物质奖励和精神奖励并对“红名单”进行动态监管。此种权利义务配置模式加重了激励主体的义务，但考虑到信用主体处于弱势地位，由于信息不对称，守信主体常处在“不知如何守信”“不知道可以获得奖励”的状态，为使守信激励法律机制能够保障信用主体的知情权、申诉权等，打破纵向行政法律关系中双方地位不平等的弊端，在守信激励法律机制构建的初期，应当让激励主体承担更多的义务，这也是让法律通过改变博弈双方的制度结构，从而促进个体理性与集体理性统一的有效方式。

（三）重复博弈

守信激励之所以应呈现为制度形成，是因为道德缺乏国家强制的效力约束。当以“软法”激励民众参与诚信建设时，其具备功利上之行为选择优益性。当自发遵守变为自觉观念时，道德违反之后果评价不单纯落脚于违反主体内心之谴责乃至社会评价减损，甚至可引发其他行为约束及行业限制的连带效果。在社会转型时期，当“熟人社会”中广泛存在的社会舆论效应因互联网技术的发展被削弱时，倘若缺失正向的守信激励制度，守信行为选择将变成法定义务的履行。缺少经济奖励的外部性影响，其势必削弱更多主体作出选择守信行为的积极性。由此，守信激励立法之理论基础作为社会信用体系建设之根基可从重复博弈理论中寻求突破。从宏观社会管理层面来看，市场经济即信用经济。信用主体间博弈过程不仅表现为信息博弈，也表现为利益博弈。信息结构和利益结构是决定重复博弈是否能够形成博弈均衡结果的重要因素和依据。① 笔者以“囚徒困境”博弈为基础，借助表格体现各信用主体间参与守信激励机制的博弈情况（详见表2）。

---

① 刘肖原等：《我国社会信用体系建设问题研究》，知识产权出版社2016年版，第8页。

表 2 信用主体单次博弈表现

参与者 A/参与者 B	失信	守信
失信	0，0	0，10
守信	10，0	1，1

由表 2 可知，当守信成本高于守信激励时其恰可成为市场中失信违约、侵权乃至犯罪乱象的原因之一。① 守信成本高于守信收益是一次性博弈中失信行为高发的重要原因，若当事人提前知晓他人的预期行为，即选择不合作从而使得自身利益最大化。假定选择背叛的收益为 R=10，合作收益则为 R=1，博弈双方间由此不可能产生信任，而促进双方合作之方法在于构建重复博弈机制。此亦是作为一种长效机制，通过制度改变博弈支付以影响博弈方的选择，使得 R=1+1……+1。因此，通过稳固的制度信赖形成守信收益提升期待，可确保博弈双方总是按照最有利于社会总体福利最大化的路径来行动。守信激励作为信用激励机制的一环，不仅是重复博弈的基础与有力保障，亦是信用合作形成之充分且必要条件。

三、完善守信激励立法规制的发展面向

守信激励立法规制作为行政法理论发展与信用治理方式创新的产物，需以适宜的研究方法对其制度和实施进行审视。功利主义理论为守信激励立法规制的应然设计提供了独特的视角与经验。英国法学家穆勒认为，功利主义并不反对自我牺牲，但反对把自我牺牲本身看作普遍的事情。一种牺牲如果没有增加或不会增加幸福的总量那么就是浪费。它唯一赞成的自我牺牲，是为了他人的幸福或有利于他人幸福的某些手段而作出的牺牲。② 从中可知，守

① 刘俊海：《信用责任：正在生长中的第四大法律责任》，载《法学论坛》2019 年第 6 期。

② ［英］约翰·穆勒：《功利主义》，徐大建译，商务印书馆 2019 年版，第 20-21 页。

信激励的前提是促使守信主体内心确信某一行为可优化自身利益。即便从外部观之，守信主体让渡了一部分利益，但立法规制体现的成文法之稳定使得守信主体在社会交往中选择更为长久稳定的期待利益。博弈论作为分析存在相互依赖情况下理性人如何决策的理论工具，其在守信激励机制中须解决如下问题：第一，博弈中主体双方应如何立足“理性经济人”假设，对作为基本博弈规则的守信激励制度产生影响；第二，如何激励和引导守信个体行为以促成个体理性与集体理性之统一来获取合作红利，此可关乎整个社会最终福利之发展。①

（一）守信激励参与主体的完善进路

守信激励作为博弈的基本规则，主要为了解决当下社会存在的守信成本高于守信收益问题，因而从守信激励主体之博弈结构层面考量其具体存在如下类型：

第一，激励制度制定主体与其他主体间的博弈。守信激励立法规制之基础是有效法律规范的制定与运行，其规范的效力层级除全国人大及其常委会制定的法律之外主要表现为行政法规、地方性法规与地方政府规章以及中央各部委联合签署的守信激励联合备忘录等。若使守信激励规则成为长效的诚信建设机制，就应发现在此规则下的重复博弈现象。制定主体作为参与最大化利益重复博弈之理性经济人，在规则优化完善及运行中应尽可能避免“一言堂”。

第二，激励制度实施主体与守信主体间的博弈。博弈产生的前提是实施主体与守信主体间法律地位平等。倘若将守信激励置身于纵向行政法律关系之中，实施主体则可将行政机关、法律法规授权组织、行业协会及法人等赋予奖励实施权限。单方形成的激励措施与奖励标准可因恣意形成利益保护。

① 张维迎：《博弈与社会》，北京大学出版社 2013 年版，第 32 页。

而行政机关可基于行政评价优益地位制定对其部门有利的激励评价标准，由此为权力寻租提供空间。对一般为自然人之守信主体，其一般难以参与到激励制度的制定与实施过程中，其多为制度运行的遵守者。在激励程序公正性评价的问题探讨中，重复博弈的“公平价值”目标可因博弈双方信息的不对称而虚置。因此，唯有主体地位平等，激励实施主体方能依照法定标准与程序预设守信主体可期待的奖励内容。

正因守信激励制度实施是“命令控制型”的行政过程管理思维，其思维异化结果极易呈现为激励标准设定不明的状态。申言之，尽管激励实施主体与守信主体在法律地位上可形成相对平等状态，此仍为博弈理论之上的假定模式，并非可对实际情形实现完全替代。加之政府在守信激励利益分配机制上受限于地方财政能力。在经济稍发达的地区，方能将涉及地方财政支持予以最大化。而其在信息公开层面形成的不对称情形，则要求激励实施主体通过非合作的博弈避免守信主体积极性受挫而放弃积极追求诚信之行为选择。从该角度上论，以政府为主导的行政主体在守信激励实施过程中应当重视依法行政与设定科学合理的守信评价标准。

第三，守信主体间的博弈。守信激励在国家治理层面，可体现为调整市场资源配置以回馈社会信用。守信主体主观上追求诚信价值自我实现，客观上作出了合乎诚信价值期待的行为选择，其反映了群体意识中的“从众效应”。守信激励立法规制在守信主体间形成博弈的理想结果应当为主客观相统一的诚信心理与行为之统一选择。对于主动选择守信之主体，其主动追求激励措施中蕴含的可期待利益且能够在预期内及时兑现。而对尚未达到激励条件的守信主体可从现有评价标准中审视个体差距，不断修正行为以达到可期待激励利益实现之效果。

（二）守信激励立法的完善进路

行政机关、法律法规授权组织作为主要的激励实施主体，其借助守信激励实现资源再配置的效果并不显著，实践运行规则的相对乏力直接影响了守信激励制度的约束效果。在诚信建设长效机制的过程中，“理性经济人”假设并非意味着个体可因一己私利主动选择作出减损他人权益之行为。但在“囚徒困境”的博弈模型中，“选择失信”之收益短期内可达最大化。此种做法无疑可对诚信行为激励产生负面的导向。从社会人际交往法则中可知，对于尚未达到违法标准但又存在“损人不利己”之评判的行为一般可从风俗礼仪、生活习惯等方面形成道德上之“软强制”，但此种强制发挥的反向惩戒警示效应是基于政府主动公开负面信息诱发一系列涉信评价连锁反应而形成的。对于尚处在理论构建阶段中的正向引导模式，守信激励应当从制度形成之稳固性以及博弈主体双方选择之经济性双重视角审视博弈主体权利义务立法规制的具体内容。

1．平衡守信激励地方性立法的制定权限

在守信激励规则制定过程中，存在着制定主体和其他博弈者之间的利益冲突。倘若守信激励实施主体期待实践运行中的合作顺畅，其守信激励规则不仅应领会并遵从贯彻规则制定主体即立法机关的立法意图，更应在多重参与主体制定合乎行为期待的规则设定中形成立法博弈均衡。在我国，社会信用建设由各级党委领导、政府主导，此亦意味着守信激励规则制定将受社会主流价值影响下的立法导向之深刻影响。而今立法现状表现在守信激励规则存在深度与广度上的不足，其具体表现在：尽管已签署信用奖惩备忘录的主体多达40余个，但涉及信用激励的内容仅有7项。地方立法的联合激励规定推进也相对缓慢。奖惩合作备忘录的现行规则设计反映出诚信立法建设中“重惩戒，轻激励”的特点，而合作备忘录仅涉7项领域便是对“轻激励”信用体系的深刻体现。[①] 在守信激励具体实施过程中，守信主体根据法定条件获

① 李琦：《企业守信激励机制的制度框架及其问题处理——以有关守信激励合作备忘录为例》，载《征信》2019年第9期。

取激励名额应当遵从“机会均等”之规则。在国务院《关于对模范践行诚实守信个人实施联合激励 加快推进个人诚信体系建设的指导意见（征求意见稿）》中，其激励对象并非指向公众群体中的公民个体，而是沿袭以往嘉奖重要贡献个体的立法思路。① 当失信联合惩戒将公民、法人及其他组织乃至地方政府之失信行为均纳入了调整范围时，作为核心机制的守信激励倘若未能实现受益群体合理的覆盖范围，极难就制度运行逻辑形成正当性自洽。

笔者认为，上述两点体现了守信激励立法规制之现实，其与重复博弈理论中的理想运行效果仍存在差距。未来可以从如下方面予以完善：一为整合现行联合奖惩规范内容，寻求填补守信激励缺失部分；二为立法机关应当通过区域试点形成必要的前期准备，借助人大质询、听证会等方式听取守信主体关于激励内容的反馈意见，探索拓宽守信激励在联合奖惩备忘录中的应用场景，避免“惩戒锱铢必较，激励可有可无”之情形成为常态。

2. 推进守信承诺事项的具体化

激励实施主体与守信主体间博弈关系乃为守信激励立法规制之最重要部分。激励实施主体为促进某项领域乃至提升全社会信用水平，其激励措施内容调整源于守信整体状况。当守信主体寻求精神奖励或物质奖励时，则期待激励内容趋于稳固恒定。当激励实施主体基于节约社会治理成本需要对激励内容事项予以变更时，此可引发守信主体期待行为选择上的不信任而出现经济学意义上之“短期行为”。唯有确保双方恪守守信承诺，方得促进守信激励参与主体间的相互信任以增进社会总体福利。

从守信主体角度来看，当前置条件已达成时守信激励实施主体可对相关证明事项予以承诺，以此明确守信激励兑现的期间。倘若激励标准制定朝令夕改，且其程序运行由守信激励实施主体过度控制，信任环境可能因此备受质疑。激励实施主体应当拥有基于守信主体激励内容的决定权，在繁杂的证

① 如科技部认定的中国政府友谊奖，教育部认定的全国模范教师等。

明材料提交要求与漫长的审查等待过程中实际上可为权力寻租留下空间。守信主体在以履行义务方式作出诚信行为时，其关注焦点可因行政审批事项烦琐而转向如何俘获激励实施主体以换取“时间利益”。由此，守信承诺制度之优越即已体现，其不仅可减少守信主体必要的时间成本，同时亦加强了诚信行为选择期待以及事后监管追责。

从守信激励实施主体角度来看，其承诺内容应考量地方财政支付能力以反馈政策稳定性。倘若激励实施主体标准设定模糊，奖励兑现要求过于苛刻，此可导致守信主体主动选择更合乎自身利益的行为，即便该行为可潜在致使他人利益受到侵害。在固有的交易法则支配下，社会合作中可常见“囚徒困境”，其原理在于短期行为与长期行为选择间的利益评判。为解释守信激励立法规制之目的，应从强化守信行为选择与扩大守信主体范围上考量激励实施主体对守信事项承诺的确定力，此效力与行政行为具备的公定力、确定力与执行力性质趋近。守信激励立法规制须将激励内容违反之追责施加于激励实施主体之上，此可倒逼激励实施主体主动寻求奖励兑现以促使守信主体形成长期信任与相互合作关系。

由此，双方均主动选择遵守激励规则方可形成稳定的“纳什均衡”。此种奖励性行政行为运行是否得当，其可作为政务评价指标纳入行政主体内部的年终绩效考评机制。在程序救济路径上，立法机关应在激励规则制定过程中明确守信激励告知、检举、申诉以及寻求行政赔偿义务，此亦对《中华人民共和国国家赔偿法》中的行政赔偿部分提出了调整要求。相较于行政机关作出行政行为之优益性，法律法规授权组织或受委托组织作为激励实施主体在执行激励规则时其责任承担上更具有“连带”特质。以行业协会为例，基于成员组织结构扁平化特性，社团法人受托实施违规激励行为时其实施主体乃至所在协会在激励实施权限上可受限。

3. 强化第三方介入的信用信息评价

守信激励立法规制的初级效应是为破除信息不对称，加强道德对诚信的正向影响。立法规制在被视为行为选择的导向时，倘若形成信息壁垒排斥他人获取激励信息途径，则一切激励效果便可成为一纸空谈。[①] 在联合惩戒“一处失信，处处受限”宣传效应下，行政机关过于强调失信惩戒功能，放大惩处效果以助推进行诚信建设。鉴于行政命令管控型思维之立法路径依赖，守信激励制度相对欠缺类似行政强制措施或行政处罚可对他人人身、财产权利予以限制之功效，其对财政支付能力亦提出较高要求，从而较少受到关注。又因重复博弈理论上须各参与主体以具备共通信息为前提，守信激励之宣传效应即为破除不完全信息方式之一。“不完全信息”在守信激励制度语境下是指一方参与人对另一方的偏好、支付函数以及行为决策等方面信息的不完全状态。[②] 守信激励因内容呈现的短期直接利益效果，作为奖励资源更是稀缺。而守信激励宣传教育作为破除不完全信息的非市场机制，其可帮助信用主体积极主动去获得资源。立法机关应从宏观上确立守信激励教育宣传之总体要求，从微观上须建立守信激励“红名单”，并及时在“信用中国”等信息在线公开平台上予以更新，深化社会公众对守信激励的整体认知水平。由此，立法从守信激励的法律法规内容、制定与实施标准、运行流程等方面加强宣传教育力度，其可扩大正向激励的指引效果。对小范围的重复博弈，因其涉及对象较少，可呈现的共通信息范围较窄。此时，参与重复博弈主体基于彼此间知根知底，无须第三方主体参与评价信用状况。但随着社会转型，具备专业的数据提取、收集与分析能力、相对中立的第三方在获取行政准入资格前提下可发挥居中评价功能。

尽管以政府主导的守信激励实施主体亦符合上述条件，但为持正公允应避免“既当裁判又当运动员”的情形。倘若宣传教育作为守信激励立法规制的非市场机制，信用服务机构则为减少信息不对称、促进守信激励博弈“帕

---

① ［美］E·博登海默：《法理学：法律哲学与法律方法》，中国政法大学出版社 2017 年版，第 340–341 页。

② 张维迎：《博弈与社会》，北京大学出版社 2013 年版，第 162 页。

累托最优”的市场机制。当市场交易过程中产生“柠檬市场”现象时，此亦为“劣币驱逐良币”之体现。“柠檬市场”理念源于二手车交易市场。因二手车市场交易对象质量上参差不齐，买家难以直观判断所购车辆的具体情况。长此以往在缺失公开透明交易信息的情况下，“柠檬市场”迫使拥有高质量车辆的卖家退出市场，买家亦主动放弃购买质量未知的车辆。同理，守信激励的重复博弈过程亦是如此。基于守信主体逆向选择的担忧，并非必须仰赖政府强大的财政支付能力。更因守信激励信息不对称使得信任氛围无法及时形成，其“空头支票”亦可作为强化逆向选择的行为心理之一。一般而言，并非信息资源获取能力居于弱势的一方才倾向于主动获得信息，信息资源获取能力居于优势地位的一方同样具备强烈的意愿提供真实信息。因为只有双方意思达成一致时，合作方能稳固而又长久。通过鼓励第三方信用服务机构开拓相应数据分析业务，既可推动信用技术服务领域之市场化，亦可帮助守信激励实施主体分担相应风险以提高守信激励规则运行效率，同时还可使得规则制定标准与运行程序更加清晰透明。失信主体可因第三方信用评价存在，提高了风险承担与失信追责成本。笔者认为，此亦是立法机关通过制度规范路径以改变博弈支付结构，引导博弈主体均衡发展的应有之义。

此外，加强守信激励执法与司法之间的程序衔接是为保障激励实施效果之应然程序设计。诚信价值在行政执法中可体现为对行政主体作出奖励行政行为之公权力约束，要求政府遵守承诺加强公信力以维持守信激励制度运行秩序的安定性和可预期水平。对以行政契约形式呈现的守信激励合作关系，其应以司法确认作为必要的制度兜底，其还可在行政指导或者行政协议中得到广泛适用。对违法行政行为，其可诉性范围的扩张亦是从行政诉讼救济路径上提供以守信主体作为行政相对人应有之诉讼权利。当守信主体认为行政机关实施的激励措施与清单规定不一致，诸如时间缩短，奖励内容缩减或者程序条件无法达成时，应当将此类救济事项纳入行政诉讼受案范围。针对该类纠纷之行政诉讼，其可诉性证成应基于守信激励的公共信用信息制定名单与实施激励措施两部分予以界定，作为外部行政行为的激励措施以及作为内部行政行为的公共信用信息名单制定从性质上均属可对守信主体权利义务产生直接影响的行政诉讼原因事实行为。

本章小结：回归守信激励形式与理性互动关系的本质规律

诚实守信不仅作为民法上之重要原则约束民事交易活动，更应作为高信任度社会应倡导之行政立法价值。在类型化为社会治理共同体的过程中，立法机关应从实践出发，从个案激励中探寻并完善国家建设社会诚信价值体系的法治路径。立足于市场经济与社会生活交往，守信主体遵从诚信要求或是作出诚信违反之行为选择并非依赖其内心道德确信，而是基于“理性经济人”假设前提之单方博弈的预期利益。守信激励之法律制度生成作为社会信用立法体系的重要组成部分，其长效性须落脚于社会现实中如何让守信者具体受益。这不仅是政策强调，更是立法者追求制度实效与科学干预博弈均衡结果的体现。尽管守信激励个案样本在当前实践中可表现为动力不足等，但此类研究在信用立法允许中仍具特殊意义，包括如何理解守信激励形式与理性互动关系的本质。这一系列问题将政务诚信研究从宏观层面转向微观层面，具有更深层意义的研究价值期待。

诚信入法，即意味着守信激励立法规制须回归程序法理的本位，遵从立法价值导向的内在规律。因此，在全国统一大市场建设中，政务诚信建设必须回归守信激励形式与理性互动关系的本质规律。政府作为关键治理主体，其守信行为本身即最具示范效应的激励形式，其不仅能显著降低市场交易成本，而且可以引导多元市场竞争主体形成稳定的价值预期。国家立法机关在构建社会诚信体系时，应当将政府置于“理性互动”框架内考量。通过明晰权责边界、强化承诺履行及违约追责，让政务守信成为可预期的“理性选择”

和“激励期待”。这种“选择”或者“期待”可为统一要素配置、优化营商环境提供坚实的制度供给与可信赖的治理基础，从而推动国家治理体系和治理能力现代化目标实现。

第四章

全国统一大市场背景下要素市场化改革的现实问题与应对策略

构建全国统一大市场是应对国内经济发展增速放缓的重要战略举措之一，要素市场化配置改革不足使得多元要素市场之间因过于分割而形成交易壁垒，其主要体现在行业与地域这两类形态。要素产权的确权不足，以及政府监管的失序阻滞了全国统一大市场的形成，妨碍要素资源跨行业跨区域的自由流动。在全国统一大市场背景下，法治化营商环境建设需要要素市场化改革与资源配置优化的协同演进。为破除制度性交易成本、激活超大规模市场潜力的核心动能，全国统一大市场建设需要通过法治化规则推进政务诚信建设，以期在消除地方保护与要素流动壁垒的过程中让土地、劳动力、资本、技术等要素在跨区域统一市场中实现价值重构。法治化营商环境以产权保护、公平竞争、契约执行等制度供给为要素市场化配置提供确定性保障，二者共同构成“规则统一”与“要素激活”的制度共振。这一协同的制度逻辑需依托全国统一产权交易平台与跨域司法协作机制，将要素流动的制度性成本转化为资源配置的帕累托改进。多元市场主体应以此为契机，重视要素产权的权利归属，明确建设全国统一大市场的社会义务和企业责任。同时，政府应充分运用数据技术不断优化“数字政务”质量，改善公共法律服务的供给，简化政府监管的审批流程。在合作监管层面，还应借助财税政策工具不断降低要素市场化不足的负面影响，合理配置要素资源优化法治化营商环境，发挥“全国一张清单”的监管指引作用。

一、引言：要素市场化改革不足导致要素流通不足

2022年10月，中国共产党第二十次全国代表大会在北京召开，大会报告提出“高质量发展是全面建设社会主义现代化国家的首要任务”，而国内经济高质量发展需要构建全国统一大市场，深化要素市场化改革，促进各类生产要素充分流动。① 我国应发挥超大规模市场优势，稳固和扩大国内循环基本盘并带动国际循环。构建全国统一大市场，可以有效挖掘内需潜力，破除妨碍国内大循环的各种障碍。其中，破除制约供给端自我调整的体制机制障碍主要通过优化发展环境、打破垄断、推进要素市场化配置、构建全国统一大市场等方式实现同步发力的效应。② 我国经济进入新常态以来，一直面临着“三期叠加”的复杂局面，大规模的经济刺激政策不可避免地带来制造业产能过剩，金融债务累积，劳动力市场用工成本上升等一系列问题。劳动力、技术以及全要素生产率等因素作为可对供给侧带来长期影响的要素，当其不再同步适应国内经济的需求结构时，经济发展供需矛盾的主要方面便集中于供给侧领域。因此，要素市场化配置以及改革成效显著与否，直接影响到我国市场经济的长期稳定发展以及全国统一大市场构建和完善的进程。2022年，中共中央、国务院发布《关于加快建设全国统一大市场的意见》。这是党和国家在新的国际国内形势下作出的重大战略决策，为习近平新时代中国特色社会主义思想的发展提出了新的任务和要求。在我国着力倡导构建人类命运共同体的过程中，蔓延全球的新冠疫情不可避免地造成了世界各国家、地区经

① 参见中国共产党第二十次全国代表大会报告的内容。

② 刘鹤：《把实施扩大内需战略同深化供给侧结构性改革有机结合起来》，载《人民日报》2022年11月4日，第6版。

济发展增速放缓。新冠疫情对全球供应链造成了新的不确定性，加速了供应链与原材料之间的脱节，使得我国经济发展面临了新的威胁和挑战。依据《关于加快建设全国统一大市场的意见》精神，我国旨在构建全国统一大市场，破除要素市场化配置改革过程中的流通“梗阻”，整合在行业与地域中分割的市场。这包括，建立统一的市场制度规则、统一的要素和资源市场监管体系、互联互通的物流信息交互渠道以及交易平台等多个方面。当前，要素市场化配置改革呈现滞后性，要素产权激励机制的缺失使得要素市场存在固有的分割性、封闭性、垄断性和无序性。因此，要素市场领域的市场化配置不足成为阻碍全国统一大市场建设中的体制因素①，而全国统一大市场中的要素市场化是基于不同行业、地域之间关于要素流通的应然要求。要素市场化配置的进程是否科学合理，是否能够在现有政府监管环境下实现市场对资源配置的决定性作用，其畅通要素资本流动降低要素流通成本以及提升市场经济活力十分重要。

在预期的规划路径中，全国统一大市场的短期目标主要体现在有效降低物流成本与促进投资两方面。短期目标实现的关键在于降低要素市场化改革不足的负面影响，优化多元要素资源的市场配置，让负重前行的中国经济更加轻盈。同时，构建全国统一大市场还可以更好地拉动消费以带动生产和投资，进一步发挥消费在国民经济中的作用，从真正意义上优化法治化营商环境。2015 年，国务院印发《关于促进大数据发展行动纲要的通知》（以下简称《行动纲要》），其加大了对小微企业的税收优惠而有效降低了企业运行成本。借助大数据技术发展的宝贵契机，国家在不断推动诚信政府、法治政府和智慧政府的建设过程中应明确数据要素市场在全国统一大市场中的重要性。因此，《行动纲要》确立了数据信息平台建设在全国统一大市场中的意义。政府在关注现代流通业的发展时，需要发挥技术跨越地域和行业的天然优势，

① 凌永辉：《新发展格局下建设全国统一大市场：体制障碍、突破路径与政策取向》，载《新疆社会科学》2022 年第 4 期。

制定统一的行业标准与监管规则以推动流通经济的法治化。以大数据技术发展为蓝本的《行动纲要》，并立足于网络新时代发挥政务信息和公共数据平台的优势，有效清除行业和地域市场中的要素流动阻碍。在政府的引导支持下，推动数据要素在各类行业中的应用，并关注如何保障各类数据产权主体的信息安全。在“破立并举”的过程中，全国统一大市场的构建方能立足于市场主体与政府双重视角来实现要素的自由流动，从而实现“旺消费”和“促发展”的双重目标。《关于加快建设全国统一大市场的意见》中重点谈到重复建设与数据冲突等问题，这表现在：政务信息与公共数据平台之间存在不对称，信息“孤岛”效应多见于跨域执法中的信息不全、信息重复或者信息失真等。在推动行业数字化转型过程中，政府承担了主导政务信息化建设的重要职责。只有当企业数字化转型形成统一的规则时，政府有关监管部门才能稳步开放公共资源，这也是为了有效提升数据信息的监测和预警能力。因此，政务信息资源的共享与交换需要打破信息壁垒，包括政府组成部门之间、政府与第三方主体之间乃至跨领域、跨行业的市场主体之间等多重关系。各级政府应主导其组成部门、直属机构等主体之间的信息互联共享工作。全国统一大市场的构建需要形成“全国一张清单”，妥善处理好“大市场”和“强市场”，“统一大市场”和“畅通双循环”“统一性”和“区域性”之间的协调关系。① 城乡二元户籍管理制度无疑是掣肘劳动力要素自由流动的重要原因之一。2019 年以前，我国部分省份的居民在跨省办理公安户籍业务与民政业务时，存在着无法实现公共数据信息实时观察的问题，公民户籍信息与民政信息数据未达到互通状态。公民户籍信息的流通阻滞，间接地导致了劳动力要素无法在资本市场中自由流动。从政府监管角度出发，应当从优化行政监管模式、改善执法环境、强化诚信意识以及拓宽大数据技术的应用场景等层面实现多元要素的自由流动。从财政与货币政策、财政补贴与跨区域财政转移

① 刘馨蔚：《建设全国统一大市场的破与立》，载《中国对外贸易》2022 年第 5 期。

支付、产业促进以及公平竞争审查制度等方面，政府还应逐步减少乃至消除因行业、地方保护主义形成的“顽瘴痼疾”，营造法治化营商环境。在增进社会福祉和促进产业发展的双重目标驱动下，现有的制度经验启示着政府需要不断调整和完善地方经济发展的各项指标。

加快推进全国统一大市场建设，应从行业和地域两个层面优化要素资源的市场配置。① 本部分以数据要素、劳动力要素市场为重点分析对象，在优化政府监管与合作层面梳理要素市场化改革的重难点以及现实问题，并提出关于提升数据监管服务质量，构建统一清单和优化营商环境的完善对策，以期为营造全国统一大市场的公平竞争环境提供学理上的建议和参考。

二、全国统一大市场形成中要素市场化改革的重点难点梳理

党的十九届五中全会旗帜鲜明地指出，健全市场基础制度要坚持平等准入、公正监管、开放有序和诚信守法，确保国内市场在高效规范的环境中公平竞争。当要素和资源市场的资本流动性存在不足时，地方保护主义对市场经济活力带来的负面影响较为深远。建立全国统一大市场须明确要素市场化改革的方向，其重难点主要涉及如下方面：统一构建质量标准体系、调整税收优惠政策以及重塑和整合地域分割市场等。立足于多元市场主体视角，全国统一大市场构建的目标之一在于推进以数据市场为导向的区域要素和资源市场的建设。从政府监管层面出发，政府代表的行政主体能否积极有效发挥监管、审批与执法的各项行政职能，这对提升自由市场的经济活力，加快国民经济的恢复与发展以及营造法治化营商环境至关重要。行业市场的要素资源优化配置改革不同于地域市场，其原因在于，前者代表的是生产要素自由流动过程中上下游市场之间因供需关系形成的市场链，此种现象的形成虽覆

① 邵景均：《加快建设全国统一大市场》，载《中国行政管理》2022 年第 4 期。

盖面广，但并未过多牵扯地方政府的行政审批权力。后者代表了地方政府通过行政监管干预外来资本参与自由竞争，亦即如何平衡地方经济发展与全国统一大市场之间公平竞争的矛盾。

（一）要素资源市场化改革的重点

行业要素市场化改革的重点在于缓解上下游产业间的固有供需矛盾。以芯片技术的“卡脖子”效应为例，因我国微电子制造和加工受限于多项技术，其专利运用的门槛较高。又因下游的产品需求过大而形成“卖方市场”优势。随着新兴产业科技的不断更新和进步，传统产业与新兴产业之间的矛盾在行业流通中显得越来越突出。在以数据要素市场作为研究对象时，多元市场主体之间的“非价格竞争”和“质量竞争”是行业流通阻碍的主要表现形式。当大数据经营者滥用市场支配地位时，在认定标准上一般通过“推定市场份额”来实现。① 此类常见形态主要借助了大数据技术的特性、数据控制力以及关联市场的控制力。多元市场主体除了要重视专利成果转化的技术门槛、不断加大技术研发对生产经营的贡献，还要借助政府行政监管职责改善市场竞争环境。在数据要素市场中认定滥用市场支配地位时，应注重区分“排他性滥用”和“剥削性滥用”，并关注“消费者福利”和“使用成本上升”的现象。以互联网为媒介的新兴产业有别于传统产业市场分割与地域限制的特点，前者较少受到地域市场分割的限制。但是，新兴产业在数据要素市场更能体现出“数据垄断”的新形态。当数据要素市场的竞争存在“跨界经营”与“非对称定价”时，此类不正当竞争或者垄断行为具有明显的隐蔽性。②

① “推定市场份额”又指“垄断市场份额的推定”，其代表了我国《反垄断法》关于市场份额推定方式的一种立法理念。垄断的认定不应依赖于“推定”规则，而应由法律要件直接认定共同市场的支配地位。参见李剑：《〈反垄断法〉中推定的限度——对共同市场支配推定规则的反思》，载《社会科学研究》2021 年第 4 期。

② 傅晓：《警惕数据垄断：数据驱动型经营者集中研究》，载《中国软科学》2021 年第 1 期。

这类现象也可称为“数字资本主义”，其意为垄断的数字平台可通过借助大数据、云计算等技术手段攫取各地域各行业市场主体的数据。政府在关注数字经济领域中的不正当竞争行为时，应侧重于“头部经营者拆分”和“互操作数据”这两类代表性的监管模式。① 在传统的上下游产业之间，行业市场要素流通阻碍的形成主要通过掌握原材料价格竞争的主导权来占据市场的支配地位。

第一，商品和服务市场的质量标准体系。“商品”和“服务”虽然存在有形和无形的区别，但基于现有的质量标准均可成为市场流通中的产品。因商品与服务市场具备了外部性与信息不完全性，基于不同类型要素的流通规律，商品与服务市场竞争中存在不同维度的质量标准，在不同产品的偏好之间可产生个性化差异。在尚未形成统一大市场以前，商品和服务要素流动存在无序性，零散的市场分割使得政府难以套用某一类特定行业标准去评价其他商品和服务的质量。

第二，不同行业中政府可实施市场监管规则。部分上游行业在竞争能力上形成了主导经营者的“市场势力”，在大数据技术的加持下此类主导经营者可借助“锁定效应”完成实体扩张，从而削弱下游行业对其拥有市场份额的冲击。基于大数据竞争的“零价格”竞争本质，行业市场遵循了满足消费者偏好的市场细分规律。从质量层面，数据要素市场的细分标准主要为不同的客户群体在多元产品的“用户体验”中形成的服务竞争。又因“服务质量”的主观性较强，反不正当竞争或反垄断机构难以将可量化的标准纳入竞争分析。②

① 吴东海、张天：《德国联邦卡特尔局怎样规制“二选一”——分析 CTS Eventim 滥用市场支配地位案》，载《中国市场监管研究》2020 年第 11 期。

② 殷继国：《大数据经营者滥用市场支配地位的法律规制》，载《法商研究》2020 年第 4 期。

第三，超大规模市场对产业结构优化升级的影响。① 为畅通经济循环，把握未来经济发展主动权，我国发挥超大规模市场效应须明确扩大内需这一前提。扩大内需须从优化产业结构的角度预测消费者在某一特定期间的需求和偏好，从而将原有自然垄断乃至公用事业纳入市场化竞争性环节当中。这就要求政府不断发挥技术产业在优化升级过程中形成的“信息传递效应”，提升物流效率从而更好地发挥全国统一大市场的运行效能。超大规模市场受到技术产业发展的影响，这主要体现在生产性服务业的政策调整层面。在降低相对交易成本或者非制度性交易成本时，政府必须通过专业的、智能的技术产业实现市场结构的优化升级。② 这有助于现代市场企业产权治理结构不断更新，避免行政监管部门机械适用行业分类管理的标准。当我国首次成为世界第二大消费市场时，激发工业增长的内生动力与活力有赖于发挥超大规模市场优势，不断加强产业链、供应链的稳定性。与其他要素配置的市场化改革相似，要素市场若形成规模经济则必须注重供需协同，牵引支撑关键核心技术攻坚突破，实现超大规模市场的“长尾效应”。市场主体在各要素自由流动过程中，应通过产业数字化转型构建现代流通体系，推进制造业价值链的升级。③

（二）要素资源市场化改革的难点

地域要素市场化改革的关键在于政府如何有效整顿地方保护主义。在极

---

① “超大规模市场”是指我国统一市场属于世界市场的一部分，该市场通过超大规模的人口数量为全国市场经济的发展创造了消费优势、科技创新与技术产业化应用规模优势、金融优势以及经济收敛优势。参见肖钢：《新基建、数字化潜力巨大 加快金融改革盘活存量资产》，载《清华金融评论》2020 年第 6 期。

② 刘志彪：《发挥我国超大规模市场优势》，载《创新世界周刊》2022 年第 5 期。

③ 在现代化的市场组织体系当中，优化交易模式可以实现商流与物流信息的有效对接。参见刘勇：《中国共产党领导下超大规模市场的形成及对工业转型升级的影响》，载《扬州大学学报（人文社会科学版）》2022 年第 2 期。

少数特殊情形下，政府会默许乃至鼓励地方保护主义的存在。此类现象一般多见于中西部地区，地方政府对外来资本始终保持高度的警惕。本地营商环境是否良好，这与当地政府的税收优惠政策之间存在着密不可分的联系，外在的体系制约与内在的意识引导之间存在着技术上的应对策略。基层政府绩效考核的改革方向应落脚于绩效考核框架、指标设置以及权重分配的科学性。对此，政府要不断强化地方保护整治过程中的行政监督，发挥多部门联动的协同优势。①

第一，以地方保护主义为导向的地方税收优惠政策。由“营改增”对服务贸易出口的积极效应可知，全国统一大市场对企业外购研发和技术服务的激励最为明显。同时，这还体现了外购现代服务的“中间效应”。② 但是，国务院一直严令禁止各级地方政府违法越权制定税收优惠政策，这使得地方保护的形式愈加多样和隐蔽。由于这些税收优惠涵盖了税收、非税收入以及财政支出等方面，地方政府调整税收优惠政策时，不可避免地涉及纳税人的信赖利益保护。为推动本地经济发展，有些地方政府在招商引资时通过发布“规范性文件”或者签署“合作合同”等方式维护本地产业链生态。即使地方政府违法越权制定税收优惠政策，外部资本进入本地市场时也难以要求本地政府对税收优惠政策进行自我审查。自“营改增”以来，为了减少重复纳税而通过增值税留抵退税政策实现企业减负，从而平衡地方税收优惠政策的“地域歧视”效应。

第二，地域市场分割的政府监管规则。在政府监管中，按照地域分割的市场存在着不作为和乱作为的现象。按照地域分割地方市场，政府在监管中易产生“消极”“失序”等负面情形。从“属地资本”的流动层面考量，

① 陈继：《阻滞与纾解：治理现代化视域下基层政府诚信体系建设问题分析》，载《社会科学论坛》2022 年第 1 期。

② 林小玲、唐荣：《“营改增”、增值税出口退税与服务贸易出口强度》，载《财经理论研究》2022 年第 3 期。

国内实体资本的充分流动可提高所涉地区总体产出的效率。在从中央到地方的“财政分权”与“晋升竞赛”的制度安排下，短期的“收益-成本”决策成为地方政府管制资本流动的行为逻辑。地方政府通过地方保护来抑制属地资本的跨域流动，这种“逆市场力量”实际上降低了属地资本流动的边际产出效率。在要素市场化配置改革中，资本流动的“技术外溢”多数归因于地方政府过度的信息管制。① 在工业基础、科技发展水平与产业结构等因素的综合作用下，流动资本并不会直接反映资本市场管理的无序性。通过《中国企业并购年鉴》的有关数据可知，跨地域的市场主体之间通过资产重组、并购以及其他 IPO（首次公开发行股票）业务等方式可以实现资本的持续流动。但是，这种持续流动对财政收入影响并不显著，尤其是涉及保护区域内经济发展的重点领域时，政府更倾向于通过降低流动资本来减少要素流动的成本。②

第三，区域间要素和资源市场建设。以《中华人民共和国个人信息保护法》为参照，构建统一大市场应建立政府统一监管的信息平台。同时，在区域间要素市场的整合与发展过程中，应避免某类市场主体借用地方保护政策滥用市场支配地位，排除其他竞争主体，从而人为拔高市场准入门槛。以数据要素市场为例，这可表现为在超出开放平台的约定访问范围之外，通过违规或者非法手段获取用户数据的情形。③ 鉴于区域间行业领域发展水平各异，地方政府之间在经济发展上存在“财政分权”与“政治集权”的竞争驱动力。因此，区域市场的整合必须依托要素自由流动的积极竞争。个别地方政

---

① “技术外溢效应”又称为“技术溢出效应”，其一般指跨国公司在实施 FDI（直接投资指投资者直接开厂设店从事经营，或者投资购买企业相当数量的股份），在当地产生外部经济效应促进技术或生产力的进步。但该跨国公司并不能从中获取全部收益。参见王菲、田俊芳：《中国服务贸易的技术外溢效应研究》，载《江汉论坛》2017 年第 2 期。

② 孙涛、王凤荣：《实体资本流动、地方保护主义管制与产出效率改善的非均质》，载《财经论丛》2014 年第 4 期。

③ 倪斐：《数据竞争下消费者隐私权保护的竞争法介入》，载《北方法学》2022 年第 1 期。

府往往依赖“逆市场力量”的封闭效应形成固有的产业链，这可能导致“外来资本进不来，本地产品出不去”的局面。此类现象不仅多见于传统产业领域，更有着向新兴产业延伸的发展趋势。①

三、全国统一大市场形成中要素市场化改革的现实问题

从“高铁”到“互联网+”时代，我国基础设施的大力发展为构建全国统一大市场打下了坚实的硬件基础，但基础设施的大力发展仍未动摇固有的地方保护主义藩篱。例如，在要素市场中，劳动力、房地产等要素的流动性相对较弱。基于现代“智慧城市”建设需要，政府需要更多地关注新兴产业基础设施的优化升级。新兴产业基础设施的迭代更新可以直接产生劳动力要素跨域流动的“积极市场效应”，即通过“正市场力量”缩小东中西部区域经济发展的不平衡。② 然而，地方保护主义也正在悄然地发生着变化。“抽本地烟”“喝本地酒”的现象逐年降低，地方政府遏制外来资本的行为趋于隐蔽。通过设定特殊标准获取市场支配地位成为地方保护的新形态，这就要求地方政府应及时转变思路，在统一大市场构建过程中调整市场监管的对象范围。当前，要素和资源市场存在区域性差异，地方政府过度保护和干预产生了部分资本流动的“逆市场力量”过强等现象，从而使要素市场化改革仍面临一系列现实问题。

---

① 地方政府阻碍要素自由流动的消极竞争行为阻却地区专业化主要通过“区域差异效应”和“跨时效应”来反映。参见王凤荣、董法民：《地方政府竞争与中国的区域市场整合机制——中国式分权框架下的地区专业化研究》，载《山东大学学报（哲学社会科学版）》2013 年第 3 期。

② 鉴于跟踪周期的时效存在滞后性，该文作者陈明生从 2003 年到 2019 年跟踪观察了我国 275 个地级及以上城市的面板数据，通过双重差分模型开展异质性分析。其认为，基础设施的改造升级可对区域经济的协调发展产生积极作用。参见陈明生、郑玉璐、姚笛：《基础设施升级、劳动力流动与区域经济差距》，载《经济问题探索》2022 年第 5 期。

(一)数据主体间未形成互通共享的信息市场

此处所指“数据互通平台”，主要涉及“政府平台数据”与“企业面板数据”两大类型。“互通”则是指，这些数据在市场流通中能否有效发挥跨行业、平台和部门的数据传输、使用以及共享的功能。“数据不正当竞争”除了指政府的监管功能发挥不到位之外，还集中于数据产权主体间的信息没有形成互通共享的有效流动机制。我国现有的数据产权规则并未达到最优配置，既没有针对用户控制的数据需求明确数据控制权，又没有在企业经营层面实现数据的经营权。① 而是在“私权-经济”的范式中通过不当抓取“非交易商业数据”，从而逐渐在行业内形成数据主体的信息垄断地位。当前，我国政务数据产品和平台的开发主要面临着“数据权益定价”的风险。在“市场优先”原则指引下，适度爬取开放数据并未涉及侵犯企业的数据产权。但是，政府在获取和使用政务数据的过程中，因违规爬取数据行为可同时造成民事侵权和行政违法的结果。政府和企业都应重点关注“非合意流通行为”的性质，从而避免市场主体自身在行政监管过程中受到不当处罚。以欧盟采用的“区间波段”计算标准为例，当数据权益被滥用时，“区间波段”计算模式可对滥用行为的类型和危害结果起到认定的效果，且合乎了预期罚款的比例与基数之间的平衡性要求。此种平衡的有效性体现在兼顾企业的规模、年度平均收入等因素，有助于执法部门科学核定罚款基数。② 全国统一大市场涵盖了劳动力、金融、数据等多种市场类型，因而要素资源市场化改革不应仅关注于政府行政监管手段的规制效果，还须从市场主体的数据财产权属性层面明确其应有的产权范围，包括其应承担的社会义务和企业责任。以统

---

① 文禹衡：《数据确权的范式嬗变、概念选择与归属主体》，载《东北师大学报（哲学社会科学版）》2019 年第 5 期。

② 包晓丽、齐延平：《论数据权益定价规则》，载《华东政法大学学报》2022 年第 3 期。

一的全国数据市场为例，数据产权的概念逐渐进入学界视野。对企业而言，其享有数据所有权、使用权、共享权、删除权与处理权等5项权利。用户除所有权外享有其他4种权利，并单独享有更正权。① 在数据使用过程中，数据更正与删除反映了数据产权主体在数据服务市场中实现数据确权与数据互通的可能性。

从政府应承担的数据保护责任层面，政府监管部门应注重保障企业数据财产权以及明晰其权属关系。这是为了在数据资源的共享过程中，避免数据市场遭受结构性破坏而增加交易成本。② 现代数字经济发展背景下，国家应考虑创设和优化政府、企业的数据财产权。同时，还须避免数据权利的分配困难，防止数据垄断行为对市场主体和个人信息造成威胁。在全球数据结构治理过程中，数据使用规则关乎如何将“激活数据要素潜能”融入经济社会发展的总体框架中。有学者提出，数据采集对象应集中在“非个人用户”的匿名数据。然而，多元市场主体在收集数据时，大多依赖于数据财产权的实现，并未通过探索可靠标识的数据源以激发数据的要素潜能。未来政府的监管方向应定位为，通过制定和发布市场主体数据使用规则，不断优化“透明、开放”的数据市场竞争环境。③

（二）政府的部分市场监管职能运行失序

政府对大数据实施监管的过程中，缺乏规范化政务数据支撑以及有效的数据监督规则，由此呈现出赋权和限权的双重不足状态。根据政法类数据的调取规则，全国统一大市场的监管主体应涵盖权力监督、监察监督、

---

① 文禹衡、贺亚峰：《数据产权市场主体的认知调查与矫正》，载《图书馆论坛》2022年第3期。

② 龙卫球：《数据新型财产权构建及其体系研究》，载《政法论坛》2017年第4期。

③ 付新华：《企业数据财产权保护论批判——从数据财产权到数据使用权》，载《东方法学》2022年第2期。

法律监督等多种监督类型。政务数据平台在完善过程中应形成数据即时调取的便利，在可允许数据调取的权力主体范围内明晰政务大数据的共享边界，从而防止因调取数据的违法犯罪行为导致的数据信息流通的“梗阻”根深蒂固。① 以数据要素为例，其畅通流转应立足于市场化改革的视角，明确区域和行业市场中的数据产权归属，并在“化整为零”的细分市场中厘清“数据保护”与“数据垄断”的界限。在供给侧结构性改革这一背景下，政务更要高度关注要素配置市场化的系统性制度保障。② 以提升产业链、供应链现代化水平为导向，地方政府市场监管的失序既反映在现有制度规则供给不足，也反映在财税政策激励效应的缺失。当关键技术受制时，“断链”“堵链”的隐患同行政监管部门的“不作为”“乱作为”密切相关。而在不同“链”之间，生产网络应契合要素与资源市场的资本流动规律。由此，地方政府在市场监管层面仍存在着改革的突破口，包括如何发挥政府间的行政监督协作效能、如何优化税制改革实施效果以及如何加强税收优惠监管等方面。③

（三）推动法治政府建设的驱动力量有限

政府对经济发展的高驱动源于经济指标的考核压力，这种考核压力通常伴随着地方“财政分权”的效应。由政府工作报告的经验证据可知，在地方经济发展过程中，财政分权对部分欠发达地区地方政府可以形成直接调控的实际经济增长。这种实际经济增长往往需要依赖大量的资本流入方能实现木

① 杨建军：《纪检监察机关大数据监督的规范化与制度构建》，载《法学研究》2022年第2期。

② 王曙光、郭凯：《要素配置市场化与双循环新发展格局——打破区域壁垒和行业壁垒的体制创新》，载《西部论坛》2021年第1期。

③ 当前，我国核心技术领域的制造业发展一般通过事后优惠的税收激励。但该类激励并未覆盖事前事后的全过程。由于此种激励方式无法在研发环节实现，政府的税收优惠对企业的创新驱动存在不足。参见范子英、朱星姝：《提升产业链供应链现代化水平的财税改革思路》，载《税务研究》2022年第1期。

地税收的稳步增长。由政府直接调控的“经济增长目标”可知，这不仅要受到市场因素的影响，而且还受到政府间接干预的“计划外增长”影响。通过系统 GMM 分析，实际经济增长与计划外增长之间存在不同步。财政分权对省域、市域的经济建设均能产生正向影响，尤其在基建、房地产投资以及工业领域。但是，西部地区财政分权对当地经济影响可以透过政府直接调控经济增长的目标来实现。① 当地方政府法治建设力度不足时，盲目许诺税收优惠可能导致未来各类市场要素跨行业、地域流动变得相对困难。政府法治建设关乎政府信用，域外立法中的社会信用大多反映在消费信用领域。基于市场主体隐私保护与公平竞争的目的，政府在合法使用数据时无需经过信息主体的同意即可收集相关信息。此时，与消费相关的信用信息同政府的“信用法治”之间形成直接关联。若政府欠缺信用且行政监督效能虚化，个别地区易出于保护目的帮助本地企业参与实施不正当竞争行为。当以信用“黑名单”制度为参照时，我国现有的“失信联合惩戒”制度亦可在统一大市场形成过程中发挥相似的行政监管连带效应。②

四、全国统一大市场形成中要素市场化改革的发展策略

明确政府与多元市场主体之间的关系，此可作为要素市场化改革的思想前提。在“国内-国际”双循环体系中，我国应加快提升全要素生产率。其缘由在于，“双循环”体系构建需要扩大国内的市场规模。反观日本在“双循环”体系中出现“内循环”失败的情况，因而我国推进建设全国统一大市场必须吸收此类经验教训，避免因“泡沫经济”落入“投资低迷”与

---

① 詹新宇、刘文彬：《中国式财政分权与地方经济增长目标管理——来自省、市政府工作报告的经验证据》，载《管理世界》2020 年第 3 期。

② 部分西方国家并没有政务信用制度，而仅通过“黑名单”制度来实现行业信息披露。例如，食品、药品除名名单、“恶名市场”名单等。参见赵旭东等：《黑名单制度》，中国法制出版社 2018 年版，第 61-65 页。

"消费陷阱"的圈套。[①] 在要素和资源市场的整合过程中，政府与市场主体均应注重数据信息技术的优化升级，在全国互联互通的网络信息平台中发挥贸易畅通和数据融通的优势。通过构建"全国一张清单"强化市场在资源配置中的决定性作用，明确政府实施行政监管的职责边界，形成跨地域、跨行业的统一标准体系，防止数据信息技术服务的规则制定形成垄断。基于法治政府建设要求，政府应通过适当的行政干预手段破除要素和资源市场中的资本流动障碍。

（一）推进多元市场主体数据信息技术的优化升级

在"价格理论"作为主流的反垄断理论工具时，政府通常难以有效识别并规制平台垄断。以"公共事业理论"作为参照时，全国统一大市场构建过程中若出现平台数据垄断现象，行政监管主体可从结构性隔离、公共义务等理论工具中选择规制手段。对此，政府应事先设定公共义务，明确数据垄断主体的合规审查程序以及替代性惩罚措施，从而构建起动态平衡的数据监管规则。[②] 在构建跨领域的技术和服务标准时，多元市场主体应从数据信息平台的搭建、数据信息技术的使用等方面推动技术更新和优化升级。例如，在政务信息平台建设过程中，可嵌入包括网上咨询、提交、审批、支付、查询等在内的多项功能。作为行政相对人时，多元市场主体也可借此辅助手段完成行政审批事项的流程。全过程留痕的数据信息平台可以面向不同市场主体以提升其参与度和获得感。以大数据分析技术的模型作为参照，积极的政企互动可通过人工智能产品的研发和应用来产生积极的效果。由此可知，数据信息技术的优化升级对政务信息的来源和获取方式、程序保障规则以及信息内

① 田正、李鑫：《双循环背景下经济高质量发展路径探究：日本的经验与启示》，载《广西师范大学学报（哲学社会科学版）》2021 年第 3 期。

② 付新华：《论超级平台数据垄断的法律规制》，载《学习与探索》2022 年第 2 期。

容的质量都提出了新的要求。基于政企间的数据融合创新服务需求，政府应着力探索数据要素市场分级规则，开放公共信息资源服务。通过不断推动多元市场主体开辟大数据创新创业项目，在构建全国统一大市场的过程中塑造良好的数据开放生态。①

（二）提升要素和资源市场的资本流动性

自党的十八届三中全会以来，市场对资源配置的“基础性作用”已经转变为“决定性作用”。中共中央《关于制定国民经济和社会发展第十四个五年规划和二〇三五年远景目标的建议》提到，要“更好发挥政府作用，推动有效市场和有为政府更好结合”。全国统一大市场的形成不仅要协调不同行业、地域之间要素资源市场的同步发展，而且还应参照城乡一体化发展中关于要素自由流动的历史经验，减少要素市场化配置改革的城乡差异。正因要素的自由流动是城乡经济融合一体化发展的前提，此种“非线性效应”的影响反映了城乡经济中非农就业、金融发展、财政支农以及土地财政等要素的流动效率。由区域经济的异质性可知，“门槛效应”体现了生产要素流动中的市场竞争能力差异。在非农就业和金融市场领域，生产要素的跨域流动在农村地区消费市场中并未发挥出带动作用。② 因此，建设全国统一大市场应把握生产要素流动的跨域规律，甄别生产要素、消费要素在行业和区域市场中的不同特点。同时，政府应关注县域城乡“二元结构”中生产要素的流动规律，在城乡间统筹发展的共性规律中寻求平衡点。从金融产品的韧性角度来看，政府还应大力发展“普惠金融”等包容型小微金融服务。在激发城乡生产要素的“金融可得性”时，通过发展金融产品

① 孙晋、冯涛：《数字时代数据抓取类不正当竞争纠纷的司法裁判检视》，载《法律适用》2022 年第 6 期。

② 赵康杰、景普秋：《要素流动对中国城乡经济一体化发展的非线性效应研究——基于省域面板数据的实证检验》，载《经济问题探索》2019 年第 10 期。

和服务市场，缓解不同地域城乡市场间资源配置不平衡的现实矛盾。① 政府担负着建设全国统一大市场的重要职责，应统筹城乡要素和资源市场发展，从生产要素的供给层面提升供给质量。从简化行政审批事项视角来看，畅通生产、分配、流通、消费等国民经济循环，从而增强要素和资源市场的流通稳定性并有效降低流通成本。

（三）改善全球供应链资源配置的法治化营商环境

若要在要素市场化配置改革中优化全球供应链资源配置，政府就必须营造良好的法治化营商环境。不仅要从要素流动层面明确政务信息平台建设的意义，而且还应从市场主体层面加强地方财税政策执行力度。在以“放管服”为指引的市场整合过程中，明确“全国一张清单”的统一监管标准与审批职能界限。具体内容如下：

第一，促进商品和生产要素之间的合理流动。这不仅要克服地方保护主义的市场分割惯性，还要防止低水平重复建设阻却产业结构的合理调整。在设计“全国一张清单”时，政府应严把“权责”边界，避免因“内循环”产生的无序损耗与资源的重复性浪费。当前，国内资本存在投入收益率下降、劳动力投入下滑的现象。政府注重市场监管履职过程中的积极作为和主动担当：一方面，要注重类案中行政执法裁量基准的统一性；另一方面，要兼顾市场监管执法基准的地域差异。②

第二，推进第三方公共法律服务平台建设。在强化行政监管职能的基础上，政府还应强化“公共法律服务”平台建设。其直接作用可以体现为：第三方主体在政府指导下构建法律服务的公共数据平台，为优化市场的法治环境提供专业的法律服务产品。第三方公共法律服务平台可汇聚多方智库资源，

① 蔡昉：《城乡收入差距与制度变革的临界点》，载《中国社会科学》2003 年第 5 期。

② 张福军：《努力建设全国统一大市场》，载《红旗文稿》2022 年第 9 期。

为平台规则的制定提供智力支持。同时，要提高公共法律服务平台的质量，则须健全第三方的社会责任。政府购买公共法律服务产品与构建政务数据平台之间并不抵触，在购买公共法律服务之后，政府仍要将提供公共法律服务的部分行政职能转交适格的第三方代为履行。

第三，强化地方财税政策的执行力度。由2016年国务院《关于加强政务诚信建设的指导意见》可知，地方人民政府规范招商引资行为时，不得违法违规许诺优惠条件。基于行政法中的“信赖保护”原则，相关部门执行财税政策关乎政府公信力。在全国统一大市场的构建过程中，政府应立足于现有税种，探索符合大市场构建的新型地方税种，明确税收优惠的实施标准与承诺界限。防止地方税收优惠因“换届”而异化为“新官不理旧账”的情形出现。① 考虑跨区域同级地方政府之间存在横向的财税关系，国家应不断促进跨区域政府监管合作。在央地财政关系层面，应提高流动税基的中央集中度，减轻地方财政压力。通过横向税收协调机制，实现区域财政支付能力均等化。在税收监管层面，应明确退税责任预期，畅通地方增值税抵扣链条，促进上下游企业之间互联互助。② 在制造业资本层面，未来立法还须通过完善企业所得税来减轻制造业负担，降低制造业资本可能承担的税负和运营成本。③

第四，在“全国一张清单”中明确政府监管与审批权力的界限。例如，政府“权力清单”和“责任清单”应通过“正面”和“负面”的双向评价来畅通国民经济循环，消除行政审批流程中的各类“梗阻”。行政审批事项往往是改革的重点对象，在常见的“最先一公里”“中梗阻”“最后一公里”当中，“中梗阻”的危害最为显著。“中梗阻”阻却了要素市场化配置的效率，

---

① 方世荣、付鉴宇：《论法治社会建设中的政府购买公共法律服务》，载《云南社会科学》2021年第3期。

② 范子英、李经：《“十四五”时期促进国内统一市场形成的财税改革思路》，载《税务研究》2021年第2期。

③ 席卫群：《制造业资本使用成本、所得税负与固定资产投资——基于我国省级面板数据的分析》，载《广西师范大学学报（哲学社会科学版）》2021年第4期。

降低了多元市场主体参与竞争时的获得感与满足感。“让人民满意”是全国统一大市场构建中的改革价值导向。在市场监管中，行政审批的“中梗阻”现象侵蚀了政府的公信力，有悖于“法治政府”的建设目标。行政审批过程的复杂烦琐人为增加了市场运营成本，可能导致消极竞争、腐败滋生、政企互动不畅等一系列问题出现。① 在“有效市场+有为政府”的治理框架下，“全国一张清单”实质性地将“法无禁止即可为”理念呈现在自由公平的市场竞争环境当中，在整合分割市场资源的基础上展现了“集中力量办大事”的制度优势。②

本章小结：在要素市场化改革进程中优化政府监管权力配置

在优化法治化营商环境的制度轨道上，从“政务诚信赋能要素流通”到“要素优化配置反哺政府信用”的发展逻辑，全国统一的产权登记、信用信息共享及失信惩戒体系可将制度性交易成本转化为资源配置的制度红利，这为构建要素响应灵敏、市场预期稳定的高水平统一大市场提供法治和信用的双支撑。全国统一大市场建设破除行政干预对要素价格信号的扭曲，使得多元要素在跨行业跨区域流动中充分反映市场供需关系。要素市场化改革通过价格发现机制与交易便利化，倒逼信用法治不断倾向于如何完善产权界定、信用披露等配套规则，从而形成“市场配置效率提升-法治保障强化”的正向循环。构建和畅通全国统一的要素与资源市场，成为重构“商品”和“服务”标准的“小型全球化”活动。《关于加快建设全国统一大市场的意见》明确指出要抓好“五统一”的目标，这意味着多元市场主体应明确要素产权的权

① 孙经纬、袁刚：《以“政民互动”改革有效破解行政审批的“中梗阻”——银川市行政审批制度改革的有益尝试》，载《理论探索》2022年第2期。

② 陈科霖：《“集中力量办大事”何以转化为新时代国家治理的强大效能：历史脉络、制度逻辑与实现路径》，载《广西师范大学学报（哲学社会科学版）》2022年第4期。

属以及激励机制，在要素产权流转中完善要素产权结构。

对此，政府应简化行政监管和审批流程，加强财税政策的执行能力以化解流通中的各类“梗阻”。从全国范围来看，多元市场主体参与竞争时应明确市场基础规则制定的统一性，推进符合全国统一大市场设施高标准的互联互通。基于统一的要素和资源市场，地方政府应把握要素市场化配置的各种形态，这包括土地或者劳动力、资金、技术、能源、生态环境以及数据要素市场等方面。在上述要素的跨行业、跨地域流通过程中，政府应通过各部门联动加强市场的公平统一监管。当改革触及非核心经济领域时，为确保全要素市场流通的顺畅，政府应适度降低资本流动的行政管制，从而避免“技术外溢效应”出现。① 从建设“法治政府”视角出发，优化国内法治化营商环境应把握国内市场与国际市场之间的供求关系，提升全要素的跨域流通效率。当全国统一大市场释放出强大的消费潜能时，超大规模市场效能的发挥有赖于现代流通体系的完善。未来在面对制约市场竞争的隐性障碍时，多元市场主体应在要素产权体系中明确法律保障的规则路径，完善要素产权的激励机制。在优化流通网络布局的过程中，多元市场主体还可以充分利用商品集散中心、综合物流园区、公共配送中心等流通基础设施，提升要素产权流转的市场配置效果。② 对于政府而言，其在建设全国统一大市场过程中还应不断创新监管方式，为习近平新时代中国特色社会主义思想市场经济的发展提供更为广阔和安全的流通空间。

① 黄文军、荆娴：《资本流动是否影响我国地区经济增长——基于1979—2010年省际面板数据的实证》，载《财经论丛》2013年第1期。

② 刘勇：《中国共产党领导下超大规模市场的形成及对工业转型升级的影响》，载《扬州大学学报（人文社会科学版）》2022年第2期。

第五章

全国统一大市场背景下要素市场政府监管改革的路径探索

由前章所述可知，构建全国统一大市场反映了党的二十大明确指向要求。多元要素市场中要素的自由流通体现了市场经济的公平竞争活力。政府监管是优化市场主体法治化营商环境的重要抓手，在整合多元要素市场的过程中，政府监管改革首要须明确要素流通与政府监管之间的权责关系。由此，政府监管改革的要点应围绕产品质量标准和市场监管规则，厘清要素市场政府监管改革的政策导向。借助大数据技术日益丰富的应用背景，政府在行业和地域分割市场中的数据动态监管过程中，应推动政务数据平台的优化升级，以“放管服”为指引科学调整税收政策减轻市场主体运营负担，以信用法治政府建设为导向同步实现政务诚信与社会诚信的双重价值。涉及要素市场政府监管的重大事项，还应贯彻重大事项党委请示报告制度。

一、引言：全国统一大市场建设过程中政府应发挥要素市场的合理监管功能

党的二十大报告明确提出要建设全国统一大市场，深化要素市场化改革，建设高标准市场体系。完善产权保护、市场准入、公平竞争、社会信用等市

场经济基础制度，优化营商环境。① 从理论逻辑上来看，建设全国统一大市场是习近平经济思想的重要组成部分。发挥超大市场的规模效应可推动经济高质量发展。② 经济高质量发展是全面建设社会主义现代化国家的首要任务，从长远来看，国内市场经济的健全必须依托全国统一大市场，稳固扩大国内循环的基本盘，在带动国际循环的过程中实现“双循环”的新发展格局。以要素市场为对象的市场经济改革，必须尊重各类生产要素的自由流动规律，发挥多元要素自由流动对市场资源配置的正向积极功能。要素的自由流动与政府的监管力度密切相关，这就使得政府在市场监管过程中应注重深化市场经济效能，提升市场经济活力，加快行政审批改革，避免行业市场与地域市场的过度监管给要素的自由流动造成阻碍。

从行业市场和地域市场分割的不同表征可知，加快推进全国统一大市场建设应着力破除多元市场要素在行业市场分割中的流通壁垒。同时，还应避免因政府主导的过度地方保护阻却了外来要素资本参与公平竞争的机会。以土地、劳动力要素为例，不同的要素在细分市场中可呈现不同的要素资源配置特点。此时，政府应立足于有效监管职能，在优化监管效率的基础上重点关注行政审批、执法以及其他适格的监督主体在全国统一大市场建设过程中的职能分工，明确有效监管和有限监管之间的界限。结合大数据技术应用场景，在建设健全“数字政府”的过程中政府应凸显要素市场监管和服务的质效，为形成全国统一的“一张清单”以及优化公平自由的市场营商环境履行应有职责。

---

① 参见《中国共产党第二十次全国代表大会报告》的内容。

② 黄燕芬、刘志成：《建设全国统一大市场的理论逻辑与推进路径》，载《江淮论坛》2022 年第 4 期。

二、全国统一大市场建设中优化政府监管效能的必要性阐释

畅通国内国际经济的“内-外”双循环，其并非仅通过形式上的建设来实现全国统一大市场的预期效能，而是在于破解地方和行业市场分割的“顽瘴痼疾”，打破具有隐蔽性和歧视性的要素流动壁垒。部分地方强调“小而全”，搞自己的小循环，导致了低水平的重复建设。① 由此，政府在市场监管中应立足政策制定的规范性和政策执行的程序法定，明确优化政府监管效能的正当性基础。

（一）有效发挥全国统一大市场在资源配置中的决定性作用

2022 年 4 月，中共中央、国务院发布了《关于加快建设全国统一大市场的意见》。作为新形势下的重大战略决策之一，全国统一大市场的建设属于中国特色社会主义经济的新任务。要素市场化改革的重点之一在于减少要素跨行业、跨地域自由流动的“梗阻”，这包括整合不同类型产业经济中的行业细分市场以及破除不同程度的地方保护主义两个层面的内在要求，具体涉及健全城乡统一的土地和劳动力市场、加快形成统一的技术和数据市场、培育发展全国统一的生态环境市场、建设全国统一的能源市场以及打造统一的要素和资源市场监管体系。② 在国内市场中，市场分割严重的深层次问题集中反映为以政府为主导的行政监管职责定位不清晰。地方政府在对行政监管职能理解错位的情形下，通过过多干预市场来影响本地经济乃至税收。从政府官员职务晋升的“锦标赛”效应可知，一方经济的发展在较大程度上受制于“本

① 习近平：《新发展阶段贯彻新发展理念、必然要求构建新发展格局》，载《中国民政》2022 年第 17 期。

② 参见 2022 年 4 月中共中央、国务院《关于加快建设全国统一大市场的意见》的内容。

地思维”的短视性。为短期实现要素资源和商品服务市场的条块分割，以“行政区域市场经济”为代表的地方经济发展模式呈现出浓厚的地方保护主义特点。① 由于我国国内的要素市场化改革缺失多元要素产权的激励机制，封闭的要素市场不仅条块分割，而且呈现出垄断和无序的特点。当市场化配置不足时，全国统一大市场的整体效应无从在分割的市场中得以体现，这也成为统一市场建设过程中的体制因素。② 全国统一大市场中的要素市场化改革，是为超越行业和地域的限制而实现全要素流通。要素市场化改革的合理性评估，关键在于政府能否立足有效监管职能发挥要素市场的应有活力。政府为更好发挥全国统一大市场在资源配置中的决定性作用，应兼顾区域之间经济发展不平衡的矛盾。现存的要素和资源市场建设不完善的问题，使得商品和服务市场的质量体系无法确立统一的市场监管规则、标准和程序。全国统一大市场的建设必须发挥“超大规模市场”的效应，超大规模市场将我国国内统一的市场纳入世界市场的范畴。通过超大规模的人口数量形成消费优势、科技创新与技术产业化应用规模优势、金融优势以及经济收敛优势。③ 此时，若盲目依赖市场调节的自发性，则无从在超大规模市场中发挥技术创新和产业升级。④

（二）有力推进行政审批改革实现公平竞争的自由营商环境

政府监管中的重要载体不仅体现在市场监管中的执法检查活动，而且可以通过政务服务的功能实现信息资源的共享与交换，这一过程同样涉及要素

---

① 张磊、黄世玉：《构建基于全国统一大市场的新发展格局：逻辑方向、堵点及路径》，载《深圳大学学报（人文社会科学版）》2022 年第 3 期。

② 凌永辉：《新发展格局下建设全国统一大市场：体制障碍、突破路径与政策取向》，载《新疆社会科学》2022 年第 4 期。

③ 肖钢：《新基建、数字化潜力巨大，加快金融改革盘活存量资产》，载《清华金融评论》2020 年第 6 期。

④ 逄锦华：《构建与社会主义制度相适应的全国统一大市场》，载《财富时代》2022 年第 6 期。

流通的信息壁垒。在政府及其组成部门，以及第三方主体之间，政府提供的政务服务涉及多项行政许可的审批工作。在审批环节是否存在“梗阻”，可能影响跨地域、跨行业的多重市场主体之间能否公平地参与市场竞争。在预期的规划中，全国统一大市场的建设短期内可有效地降低各类要素的物流运输成本，加快贸易流转速率以拉动消费和投资。短期目标能否实现其关键在于能否整合分割市场的资源，并在地域范围内降低要素市场化改革不足的负面影响。在拉动消费以带动生产和投资的过程中，多元市场主体减轻了进入地域市场和行业市场的压力。在尽可能降低地方保护主义负面影响的前提下，通过鼓励消费、科学消费、创新市场要素的流动方式，带动消费对国民经济产生积极影响。行政审批改革的运行良好与否也影响法治化营商环境，行政审批改革的推进过程需要政府在其组成部门、直属机构等主体之间充分实现政务信息的互通互联。

在此信息共享的基础上，全国统一大市场应明确市场做“大”和做“强”之间的关系。要把握“统一大市场”和“畅通双循环”，处理好市场“统一性”与经济“区域性”之间的协调相容的关系。① 由此可知，建设全国统一大市场在政府的行政审批层面应尽可能避免地方因能动执法而形成的视觉盲区。在“选择性审批”或者“技术性执法”错误理念的干预下，“全国一张清单”形成的阻碍往往来源于政府的不作为，而并非市场主体主观意愿上的参与动力有限。基于社会福祉和产业发展的目标驱动，政府应持续关注并科学调整地方区域和行业经济发展的各项指标，立足于行政审批的过程监督，改善行政审批环节的程序烦琐冗杂，提升行政权力运行的监督效率，提高政府在行政审批过程中的信用，可为多元要素的流动形成行政监管效能的程序保障。结合大数据技术的应用场景，多元要素的自由流动也需要在动态的经济面板数据分析过程中不断提升财政与货币政策制定的科学性，这涵盖

① 刘馨蔚：《建设全国统一大市场的破与立》，载《中国对外贸易》2022 年第 5 期。

了财政补贴、财政转移支付、产业促进以及公平竞争审查等方面。

三、全国统一大市场建设中要素市场政府监管改革的要点分析

要素市场化改革的主要目标是缓解上下游产业链之间长期固有的供需关系矛盾。当要素和资源市场的资本流动性不足时，地方保护主义可对市场经济活力产生明显的负面影响。公平自由竞争的市场意味着平等准入、公正监管、开放有序和诚信守法。政府监管改革必须实现要素与资源市场的统一，而产品生产的首要环节体现为要素的投入。劳动力、资本、技术、数据信息等生产要素的及时投入，可在实现开放共享的同时畅通国内国际双循环，从而推动超大规模市场的规模经济效应。① 明确要素市场化改革的方向，须关注阻碍政府发挥积极监管效应的堵点。从大数据技术的应用来看，区域之间要素和资源市场的整合发展将直接影响有效市场和有为政府之间的关系，把握市场规模、结构、组织、空间、环境和机制建设的步骤与进度，政府必须坚持放管结合、放管并重的改革思路。从政府监管职能来看，要素市场政府监管的改革重点应落脚于日常监督、许可审批与执法检查的强度与效度。

（一）构建要素市场政府监管改革的统一标准

第一，产品质量标准体系是否统一。在基于“商品”和“服务”的产品供求关系调整过程中，由于市场竞争存在外部性与信息不完全性，多元要素在流动中会因地域和行业市场的分割而存在不同的质量标准。全国统一大市场形成以前，多元要素在跨地域和行业的双向流动中往往存在盲目性和无序性。地方政府往往会根据地方经济发展的实际，适用对本地企业有利的质量

---

① 佘淼杰等：《构建全国统一大市场的价值意蕴及路径探析》，载《新疆师范大学学报（哲学社会科学版）》2022 年第 6 期。

标准，从而防范外部参与的市场竞争可能。全国统一大市场可提供的产品涵盖了“商品”和“服务”，尽管根据消费者偏好的差异，地方政府的市场监管可就当地经济发展的特点形成个性化的监管模式，但地方政府的“超国家标准”可能因统一的产品质量标准而不复存在。为获得优势资源，地方企业必须付出超额的权力寻租成本。随着质量标准的统一，地方政府难以基于当地税收的需要进行超出必要限度的市场改造。此时，地方政府对市场监管需求的变化使得地方市场主体更注重于产品质量的提升以及产品研发技术的创新和突破。①

第二，市场监管规则是否统一。统一的市场准入制度必须建立在统一的清单基础之上，这包括“权力清单”和“负面清单”。“权力清单”意味着政府不仅是“有为政府”，而且是“有限政府”，象征着“法无明文授权即禁止”的监管理念。对于多元市场主体，“负面清单”意味着“法无明文禁止即可为”，市场主体可依照统一的“负面清单”标准而平等进入清单以外的行业。“负面清单”针对的是政府与多元市场主体之间的动态关系调整，超出“负面清单”以外的市场主体参与自由竞争的内容，便无须经由政府相关部门审批。② 市场准入制度作为多元市场主体参与市场竞争的强制性制度保障，实际上在政府和市场间博弈的动态关系中限定了政府监管的权力边界。基于政府“放管服”改革和优化法治化营商环境的背景，市场准入的“负面清单”对政府过于宽泛的监管权力形成了有力的约束。③

第三，不正当竞争行为认定标准是否统一。上游产品从竞争能力层面可

① 罗进辉、林明：《加快建设全国统一大市场：时代意义、制度渊源与经济影响——以新能源汽车产业为例》，载《财会月刊》2022 年第 15 期。

② 王利明：《负面清单：一种新的治理模式》，载《党政干部参考》2014 年第 21 期。

③ 邓建鹏：《个人征信准入管制困境与法治应对》，载《南昌大学学报（人文社会科学版）》2022 年第 2 期。

形成主导经营的“市场势力”。从产品竞争的质量层面，要素市场的细分使得不同的客户群体在面对多元产品“用户体验”的迭代升级时形成不同的消费偏好。此时，囿于“服务质量”这一消费者主观评价的局限性，政府在反不正当竞争或反垄断监管过程中难以实现行为认定标准的具体量化。① 随着大数据技术的发展，不正当竞争或者垄断经营者基于消费者长期稳定的偏好而达到品牌的“锁定效应”。在降低下游行业对其市场份额的负面影响时，以消费者偏好为关键的市场细分规律逐渐趋于市场竞争的“零价格”特点。多元市场主体之间不仅存在“非价格竞争”，还存在着“质量竞争”，其可对多元要素市场之间自由流动形成阻却效应。以大数据技术的市场经营者为例，当其滥用市场支配地位时，不正当竞争或者垄断行为的认定一般通过“推定市场份额”的标准来判定。“推定市场份额”又指“垄断市场份额的推定”，其代表了《中华人民共和国反垄断法》关于市场份额推定方式的一种立法理念。垄断的认定不应依赖于“推定”规则，而应由法律要件直接认定共同市场的支配地位。②

由此可知，不正当竞争行为认定的标准需要明确机构监管改革的职能转变要求。市场监管是政府为纠正市场失灵，针对市场主体经济活动及伴随的社会后果采取的微观干预和控制。③ 在不同层级的地方政府之间，缺乏垂直管理的行政监管往往会形成内部的监管信息壁垒，而此种监管内部信息为“权力寻租”提供了条件。为平衡政府监管职能间的条块关系，垂直管理理念旨在提高行政监管职能部门履职的独立性，摆脱地方政府的不当干扰。尤其在行政垄断分割现象中，此种方式可实现跨区域执法联动，克服市场负外部性

① 殷继国：《大数据经营者滥用市场支配地位的法律规制》，载《法商研究》2020年第4期。

② 李剑：《〈反垄断法〉中推定的限度——对共同市场支配推定规则的反思》，载《社会科学研究》2021年第4期。

③ 薛澜、张帆：《构建以社会共治为基础的社会性监管体系》，载《中国工商管理研究》2014年第8期。

影响以维护统一大市场。[①]

（二）明确要素市场政府监管改革的政策导向

全国统一大市场的建设需要明确要素市场政府监管改革的政策导向，即提升政府综合监管水平、合理分配公共资源以及强化综合执法能力等方面。[②]以大市场监管局为例，作为市场监管机构改革的最大公约数，其实质上是对市场存量资源的供给侧结构性改革，并以统筹全国统一大市场的监管，加强第三方社会性监管以及推进政府综合执法等方面为改革目标。[③] 要素市场政府监管的政策导向集中于化解地方保护主义带来的负面影响。在个别地区，政府往往无视地方保护主义的“做大做强”。在经济相对欠发达的个别中西部地区，稳定的税收来源对政府积极监管能效的长期性起到相当大的作用。在过去的一段时期，“中央-地方”的分税制改革使得这类现象更加明显。本地企业与政府之间形成的共生共融关系，直接导致地域分割市场缺失相对公平的竞争环境，而此种市场结构使得地域经济并不具备长远意义上向外拓展的空间。由此，应从如下方面对要素市场政府监管的政策导向予以解读。

第一，取消不合理的地方税收优惠政策。地方经济发展状况影响当地财政，而本地企业营商环境的优劣，与政府的税收优惠政策之间关联密切。政府在破除地方保护主义的过程中，应发挥多部门联动的执法监督机能，强化以公平竞争为导向的行政监督效能。[④] 国家始终对地方政府违法越权制定税收

---

① 胡颖廉：《综合执法体制和提升食药监管能力的困境》，载《国家行政学院学报》2017 年第 2 期。

② 石珍：《大市场监管体制改革的执法挑战与制度对策——以深圳市市场监管体制改革为例》，载《中国市场监管研究》2016 年第 6 期。

③ 薛澜、李希盛：《深化监管机构改革 推进市场监管现代化——以杭州市为例》，载《中国行政管理》2018 年第 8 期。

④ 陈继：《阻滞与纾解：治理现代化视域下基层政府诚信体系建设问题分析》，载《社会科学论坛》2022 年第 1 期。

优惠政策保持了高度的警惕，但愈加隐蔽的地方税收保护政策使得地方经济仍然呈现出相对封闭的特点。地方不合理的税收优惠涉及税收、非税收入以及财政支出等各个方面。个别地方政府通过所谓的“规范性文件”或者“合作合同”等形式将本地经济的竞争生态维持在一个相对较低的水平。若地方政府试图调整税收优惠政策，涉及本地企业作为纳税主体的信赖利益保护。此时，外部资本参与本地市场的竞争不仅难度更大，也难以就本地政府提供税收优惠政策实现无差别的适用。从营业税改增值税的制度成效中可知，不少地区为避免市场主体重复纳税，通过增值税的出口退税政策减轻市场经营负担。为了防止税收优惠政策带来的“地域歧视”效应，地方政府应严格把控税收优惠的适用对象和标准。从全国统一大市场的发展远景上来看，取消地方税收优惠政策可在破除地方保护主义的同时，还可鼓励本地企业不断提升公平参与全国市场竞争的活力。

第二，立足于政府积极监管职能不断整合地域分割市场。政府积极监管的职能建立在全国统一大市场的标准体系基础之上，统一的市场监管体系并非形式上对原有行政监管权力资源的再整合，而是基于“服务型政府”理念明确整体市场监管的统一执法、统一检测和统一的市场服务标准。① 地域之间相互分割的市场导致地方政府在监管过程中易出现“消极”和“失序”的情形。基于“属地资本”的流动性规律，实体产业的资本充分流动能够提高产出效率。在要素市场化改革过程中，要素资源流动的“技术外溢”多数归咎于地方政府的过度管制。在过往短期的“收益-成本”决策中，作为地方政府约束资本流动的行为逻辑，地方政府通过地方保护政策抑制属地资本的跨行业和跨地域流动。作为“逆市场力量”的代表，这种抑制实际上降低了资本

① 胡颖廉：《统一市场监管与食品安全保障——基于“协调力-专业化”框架的分类研究》，载《华中师范大学学报（人文社会科学版）》2016 年第 2 期。

流动的边际产出效率。① 流动资本受到抑制的过程虽然不会直接反映资本市场管理的无序性，但分割的地域市场在地方保护主义的作用下仍对工业基础、科技发展水平与产业结构等方面带来了不可逆的负面作用。即使不同地域的市场主体通过并购、重组或者其他 IPO 等方式完成资本的流动，但该类资本流动的方式并不会对当地财政收入带来显著影响，政府在这一过程中更倾向于通过降低资本流动速率以减少要素资源流动的可预期成本。②

第三，着力推动政府在市场监管中的信用体系建设。政府信用关乎多元市场主体参与市场竞争的安全感和获得感，而以政府信用为客体可成为检察机关提起公益诉讼的“等”外探索路径。检察机关履行公益保护的法律监督职能，可将政府信用纳入关注视野。法治政府视域下，检察机关在主动履行法律监督职能中不断发挥公益诉讼检察效能，这体现了国家法律监督机关的“检察自觉”和“检察担当”。在政府信用建设的法治规范体系中，政府信用公益诉讼的学理应对检察机关提起民事、行政公益诉讼的“等”外进行探索。在全国统一大市场建设的法治化进程中，应发挥检察机关对政府信用建设的监督保障作用。地方政府应把握全国统一大市场建设的时代背景，加大清理或者废除妨碍统一市场和公平竞争的现行规定。根据区域经济的发展现状，地方政府应结合地方经济产业结构特点，科学评价未来全国统一大市场可在本地形成的组织规模、结构空间以及发展环境等方面，制定符合区域经济特点的运行规则。

四、全国统一大市场背景下提升政府监管质效的现实堵点

在避免政府规制成为行政管制的前提下，公共规制作为政府规制中的经

① 王菲、田俊芳：《中国服务贸易的技术外溢效应研究》，载《江汉论坛》2017 年第 2 期。

② 孙涛、王凤荣：《实体资本流动、地方保护主义管制与产出效率改善的非均质》，载《财经论丛》2014 年第 4 期。

济性规制类型，其目的在于弥补市场经济自发调节失灵的现象。① 基于国家整体利益、社会公共利益和消费者利益保护的多重需要，政府监管的路径一般通过许可、处罚或者激励等各种手段对进入市场主体的准入资格以及产品价格、数量和质量等方面予以控制和监督。② 基于政府规制效能的应然体现，全国统一大市场功能的实现必须不断提升政府的积极监管效能，这就意味着缺失竞争基因的政府规制在新时代亟待变革。客观上，我国政府规制的权力存在“央地”之间的博弈关系，政府规制权力往往只能在既有的科层结构中得以运行。中央与地方政府长期以来的“财政分权”与“晋升竞赛”制度安排，其绩效考核偏重于短期内单一的经济发展指标。因此，地方政府的经济规制多关注本地经济发展单一性指标以及以产业政策为内容的竞争手段。③ 基于地方保护主义的形态转变，地方政府遏制外来资本进入本地市场参与公平竞争的方式更加隐蔽。个别政府在本地市场的经济规制中，通过针对特定商品设定质量或规格的准入门槛，以实现本地同类商品市场份额的支配地位。为避免地方政府过度的规制效应，全国统一大市场建设背景下市场准入门槛应趋于统一。近年来，基础设施的发展仍未从根本上破除地方保护主义。基于大数据技术的发展，新兴技术产业的应用场景得到不断拓展和延伸。在现代“智慧城市”的建设过程中，政府监管改革面临着一系列的机遇，也存在着亟待解决的问题。

（一）数据信息平台的互通共享水平有限

在未来的全国统一大市场运行过程中，“数字政府”的形成和发展需要依托数据技术的应用。作为多元要素之一的数据要素，其在全国统一大市场中

---

① 靳文辉：《空间正义实现的公共规制》，载《中国社会科学》2021 年第 9 期。
② 孙晋：《公平竞争原则与政府规制变革》，载《中国法学》2021 年第 3 期。
③ 孙晋：《规制变革理论视阈下公平竞争审查制度法治化进阶》，载《清华法学》2022 年第 4 期。

为推动数字经济发展、加快区域经济协调发展以及提升科技创新竞争力等提供了现实可能。[①] 若要发挥数字政府的全过程监管效能，必须构建统一的数据信息平台。内容上，数据信息平台涵盖了“政府监管平台数据”与“企业面板数据”两个方面。现阶段，数据要素市场面临着数据权属不清晰，要素市场结构壁垒固有存在，数据产品价格判定困难等问题，这使得数据市场自身的政府监管难以适配，从而产生数据收集和使用中的安全隐患。[②] 从结构壁垒层面分析，我国数据要素市场存在着部门壁垒、区域壁垒和产业壁垒等问题。政府的政务数据开放动力不足，国内开放数据集规模仅占美国的11%。在这部分数据中，市场主体的生产经营数据仅有7%来自政府。[③] 当政府对数据监管的功能发挥不到位时，数据不正当竞争现象可反映在数据主体之间没有形成互通共享的数据流动机制。又因我国数据产权规则并未实现最优配置，因而难以达到对用户控制的数据需求，遑论市场主体管理层面的数据经营权。[④] “数据互通”意味着政府应在数据流通中及时发挥跨行业、平台和部门的数据传输、使用以及共享功能，避免在“私权-经济”模式中获取“非交易商业数据”。数据要素的四层形态将大数据信息服务划分为由零次到三次的大数据信息服务，作为信息数据开发层次分类的原则，这在国家政策中得到了呼应。[⑤] 政府针对数据市场信息开发的不同层次，在处理原始数据、脱敏数据、模型化数据和人工智能化数据等环节中，必须搭建大数据综合交易机制。由

① 王蒙燕：《我国数据要素统一大市场构建的问题与对策》，载《西南金融》2022年第7期。

② 熊伟、张磊、杨琴：《“十四五”时期数字要素市场构建的实施短板与创新路径》，载《新疆社会科学》2022年第1期。

③ 王璟璇、窦悦、黄倩倩、童楠楠：《全国一体化大数据中心引领下超大规模数据要素市场的体系架构与推进路径》，载《电子政务》2021年第6期。

④ 文禹衡：《数据确权的范式嬗变、概念选择与归属主体》，载《东北师大学报（哲学社会科学版）》2019年第5期。

⑤ 郭春芳：《不确定性分析视角下大数据信息服务定价研究》，北京交通大学2019年博士学位论文。

于全国统一大市场囊括了劳动力、土地、金融、数据等多种要素类型，政府对数据信息流动的监管还须把握数据财产权的属性以及产权范围，这主要针对的是多元市场主体享有的数据所有权、使用权、共享权、删除权与处理权等权利。① 在数据使用过程中，数据更正与删除反映了数据产权主体在数据服务市场中实现数据确权与数据互通的可能性。此时，政府在监管过程中应高度警惕“数字资本主义”。居于优势地位的市场主体在缺失有效的监管时，其借助数字平台的无差别信息获取功能，可对涉及国家利益、公共利益以及公民个人隐私等信息内容带来数据安全隐患。由此可知，我国政务数据的提供不仅面临着“数据开发”的风险，也涉及“数据权益定价”的风险。在获取和使用政务数据的过程中，政府应重点加强对“非合意流通行为”的监管。

（二）政府反不正当竞争监管的部分职能失序

20 世纪 90 年代，有学者指出了以“欧共体”为代表的欧洲统一大市场，其在发展过程中通过取消关税和配额，实现了“跨越疆界”的商品、人员、资本和劳务等要素的自由流通。② 欧共体成员国在市场竞争层面对各自适用的范围形成了扩张性解释，这有别于主权国家统一大市场的适用规则。在这种以经济组织为代表的统一市场中，市场运行规则的适用依据满足了双重控制的要求。这就意味着，当不同标准的规范存在适用冲突时，有损主权国家经济监管的自主性。③ 由此可知，主权国家内部在统一大市场的政府监管层面具备了天然的自主性和独立性。作为政府监管功能的重要抓手，公平竞争审查

---

① 文禹衡、贺亚峰：《数据产权市场主体的认知调查与矫正》，载《图书馆论坛》2022 年第 3 期。

② 赵金旗：《欧共体统一大市场对国际经济法的影响初探》，载《河北法学》1992 年第 5 期。

③ 向在强：《欧共体竞争法与成员国竞争法关系初探》，载《河北法学》2004 年第 10 期。

制度承担了事前预防的功能，填补了反不正当竞争和反垄断规则中事后救济的空白。这一监管的具体方式涉及投资、合理的财政补贴、采购和招投标中立等方面，集中围绕政府的干预效度以尽可能优化公平竞争环境，从而达到矫正政府失灵和克服市场失灵的双重效果。① 全国统一大市场的建设须妥善处理好市场自主调节和政府规制之间的关系。有别于计划经济的直接干预，政府在市场经济的完善健全过程中应更加重视大数据技术对信息监管的实际效能。政府监管的部分失灵主要囿于区域经济发展不平衡不充分的矛盾，缺乏规范的基础数据支撑以及系统的数据监管规则，在全国范围内由此产生了数据统一赋权和限权的不足。

由我国的现行监督规范体系可知，全国统一大市场的政府监管亦应接受外部的监督。从应用层面来看，这涵盖了人大的权力监督、监察机关的监察监督以及检察机关的法律监督等。政府在政务数据平台的发展健全过程中，可就市场监管的实时动态数据予以即时调取。基于上述有权监督的制度效能，数据调取的外部监管可帮助政府明晰政务数据的使用边界。但在地方政府监管过程中，“数据保护”与“数据垄断”之间往往界限不明，由此造成数据市场的监管失序。在财税政策激励效应的缺乏的前提下，数据监管“断链”“堵链”的问题主要源于政府监管中的“不作为”或者“乱作为”。全国统一大市场中的政府监管规则并非现有分割市场政府监管规则的简单相加，而需要明确政府协调好各执法部门之间的权责界限。多头联动执法的监管机制并不能直接产生政务资源整合的效果，反而在归口不同主体的执法权力运行过程中易出现执法监管的权力真空。②

① 孙晋：《经济法视角下政府经济权力边界的审读———以政府职能转变为考察中心》，载《武汉大学学报（哲学社会科学版）》2014 年第 2 期。

② 孙晋、顾瑞琪：《创新丰富市场监管工具 助力全国统一大市场建设》，载《中国市场监管研究》2022 年第 8 期。

（三）以信用法治为导向的政府监管存在制度供给不足

政府在市场监管中存在制度供给不足，由此引发市场监管错位现象。中央地方之间的权力博弈导致强势与弱势主体之间形成“争利”局面，居于行政监管资源配置优越地位的强势主体也易向弱势主体“转嫁”任务。边界模糊的权责规范使得政府及其组成部门在面临执法监督的风险责任时，易倾向于缩小责任范围。① 近年来，党和国家高度关注法治政府中的信用法治建设，此源于“诚实守信”和“信赖保护”两大原则的实践需要。因社会信用大多反映在消费信用领域，因而政府信用多以政务诚信的形式体现在依法行政的过程之中。为优化营商环境和加强社会信用体系建设，政务诚信已成为法治政府建设应有之义。在全国统一大市场监管规则的完善过程中，即使现有规则存在执法效力依据的模糊空间，也应以强化政府信用为导向，对多元市场主体的监管执法应契合信赖保护的要求。此即意味着，非因法定事由并经法定程序，行政执法主体不得撤销、变更已经生效的行政决定。② 在政务诚信监测机制尚未完善的前提下，政府对统一大市场的监管往往缺失对失信记录档案的归口管理。基于市场主体隐私保护与公平竞争的目的，政府合法调取市场主体数据，并不需要经过相对人的同意。在欠缺信赖保护的监管规则指引时，即便该类信息的获取符合程序正当性，仍易因监督规则的供给不足而间接地造成不正当竞争。借鉴信用“黑名单”制度，政府在失信联合惩戒过程中仍应把握规则制定和联动执法权力运行的边界。此类信息的归集程序若违背了《中华人民共和国民法典》《中华人民共和国个人信息保护法》等规范设定的信息处理规则时，政府监管的程序效果则可偏离处

① 刘瑞明、杨冰岩：《全国统一大市场构建的突出问题与破解思路》，载《社会科学辑刊》2022 年第 6 期。

② 余凌云：《诚信政府理论的本土化构建——诚实信用、信赖保护与合法预期的引入和发展》，载《清华法学》2022 年第 4 期。

罚法定的原则。①

五、全国统一大市场背景下优化要素市场政府监管的改革路径

优化要素市场的政府监管，首先应明确“安全监管”与“市场秩序监管”的差别。基于“大部制”的改革需求，“三合一”的市场监管尽管整合了归口于不同部门的执法机构、职能以及人员队伍，但实践中仍存在着内部的执法标准不统一以及监管规制失灵的问题。在涉及具体要素市场的执法基准规则缺乏体系思维的前提下，行政首长“命令式”的解决方式可能导致执法监管失察、定性失误以及处罚失当的现象。② 立足于“竞争秩序”与“消费者权益保护”两大监管目标，政府应在全国统一大市场建设过程中协调好与多元市场主体之间的关系。在利用大数据技术实现市场信息监管目标时，政府应优化数据平台，提升政务服务质量，实现政务数据融通。基于信用法治的建设要求，政府还应着力构建以政务诚信为内容的政府监管信用制度体系，发挥政府重大事项常委请示报告的制度优势。

（一）在“数字政府”建设中推动政务数据平台的优化升级

政务数据开放平台服务追求的目标实际上与政府公共治理的目标保持了高度的一致，即实现公共价值最大化。在现有的数据服务提供者当中，生态化的 OGD 平台以及数据共享开放服务成为实现公共价值最大化的重要途径。③ 多元市场主体在政务数据公开和使用的过程中，可根据自身需求选择更适合自身发展的公共服务。政府在此基础上也可利用公共数据的管理权限，通过

---

① 谭冰霖：《处罚法定视野下失信惩戒的规范进路》，载《法学》2022 年第 1 期。

② 冀玮：《机构整合背景下的食品安全监管法律适用——基于行政法治视角的比较分析》，载《行政法学研究》2018 年第 3 期。

③ 王林川、寿志勤、吴慈生：《政府数据开放平台服务绩效评价指标体系研究：基于公共价值视角》，载《中国行政管理》2022 年第 1 期。

社会反馈使得该类公共服务更加透明和合法。以数字政府为导向，政务服务的公共价值可从数字行政、数字公民、数字服务和数字社会等方面形成公共价值评价框架。① 政府通过公共价值评价框架便可有效识别市场主体利用数据优势而实施的不正当或者垄断行为。基于结构性隔离、公共义务等理论，政府在数据垄断的合规审查中可建立起动态的数据监管规则，包括网上咨询、提交、审批、支付、查询等多项功能。在这一过程中，非政府组织的主动式参与也可通过第三方平台监管的方式帮助政府实现双向沟通、议程设定以及民主决议等行为的数字化，改善政府与非政府组织之间的合作关系。② 作为系统性、整体性工作，数字政府的推进需要明确数据管理部门的独立性。在要素市场监管中，应高度关注不同要素类型市场数据的统筹和治理，推动电子政务的数字化转型。数字政府建设的全生命周期需要依托大数据中心、政务云平台等信息技术的应用背景，通过构建多元要素市场的监管信息库重塑政务数据服务流程，优化监管部门之间的业务协调与执法监督效能，从而实现科学整合全国统一大市场数据监管职能和层级的双重目标。③ 基于政府的数据保护责任，监管部门须保障多元市场主体的数据财产权。在政务数据、企业数据以及个人数据的流通共享过程中，避免因监管失灵或者数据使用不当而增加市场交易成本。④ 同时，政府应根据数据融合创新的服务需求，积极探索数据要素的市场分级规则。在全国统一大市场形成过程中，政府不仅要塑造良好的数据开放生态，开放公共信息资源服务，而且还应不断鼓励和支持市

---

① 张丽、陈宇：《基于公共价值的数字政府绩效评估：理论综述与概念框架》，载《电子政务》2021 年第 7 期。

② 徐顽强、王守文、段萱：《非政府组织参与数字政府治理：契机、价值与模式创新》，载《电子政务》2012 年第 9 期。

③ 翟云：《改革开放 40 年来中国电子政务发展的理论演化与实践探索：从业务上网到服务上网》，载《电子政务》2018 年第 12 期。

④ 龙卫球：《数据新型财产权构建及其体系研究》，载《政法论坛》2017 年第 4 期。

场主体参与数据创新创业项目。[①] 以贵州省“云上贵州”数据平台为例，贵州政务服务以整体迁移、分级集约以及整合上移等方式，力求消除政务数据开放共享的障碍，包括“一朵云”“一个库”“一平台”“一张网”“一套标准”的“五个一”管理创新，实现全省数据完全整合迁移上线、域名集中解析以及数据资源归集的效果。[②]

（二）以“放管服”为指引实现全国统一的法治化营商环境

政府优化法治化营商环境，不仅为实现要素市场化改革的总体目标，而且从要素流动层面明确政务服务和统一大市场数据信息监管平台建设的意义。在以“放管服”为指引的市场整合过程中，政府不仅要通过财政税收工具逐步消解地方保护主义，而且要强化“全国一张清单”的统一监管标准对改善法治化营商环境的作用。首先，政府应在市场监管的履职过程中积极作为主动担当，市场监管的执法裁量基准应确立统一标准，且还须兼顾市场监管执法的地域差异。[③] 在“全国一张清单”的形成过程中，政府应明确“权责”边界，妥善协调好“央地关系”和“政企关系”，避免“内循环”的无序损耗与资源浪费。其次，政府监管须提升公共法律服务的质量，此可从第三方协助参与监管的层面加快实现法治化营商环境。在全国统一大市场的背景下，第三方组织基于统一的政府指导参与公共法律服务，汇聚智库资源。通过强化社会责任感提高第三方组织提供公共法律服务的质量。以京津冀地区为例，省、市、县三级统一建立市场准入的隐性壁垒台账制度，通过中央主导、地方政府内部谋求合作以及社会组织参与共同监管等方式为

① 孙晋、冯涛：《数字时代数据抓取类不正当竞争纠纷的司法裁判检视》，载《法律适用》2022年第6期。

② 蒋敏娟：《地方数字政府建设模式比较——以广东、浙江、贵州三省为例》，载《行政管理改革》2021年第6期。

③ 张福军：《努力建设全国统一大市场》，载《红旗文稿》2022年第9期。

中小企业融资进入市场提供便利条件。① 当政府通过购买公共法律服务产品积极促进政务服务质量提升时，其在功能上并未与政府主导的政务平台建设和数据监管之间形成抵触。通过公共服务职能的部分委托，政府可实现第三方适格主体代为履行的功能。这从节约公共人力资源成本的角度，为全要素市场监管提供了人员组织上的可能方案。再次，政府对全国统一大市场的要素监管应全面收紧地方的税收优惠政策。囿于跨域同级地方政府之间的横向财税关系，跨域政府的监管合作十分必要。政府应妥善把握央地财政关系，提高流动税基的中央集中度来缓解地方财政压力。例如，从制造业层面降低企业所得税税率以减轻制造业生产经营负担。② 在横向税收协调和监管层面，政府应从退税责任预期、地方增值税抵扣链条以及上下游企业之间互联互助等方面，进一步降低市场主体税负压力与运营成本。③ 此外，以“政市社”合作共治体为导向的复合治理模式兼顾了我国西部地区的经济发展实际，这在全国统一大市场形成中优化法治化营商环境提供了另一种路径可能。其中，复合治理模式主要指跨域之间实现政府条块职能的多维度整合，在政策制定、监管执行中发挥多部门协调联动和法治营商政策的聚合效应。④

（三）以信用法治政府为导向发挥社会诚信的应有功能

特别是在政府的基层治理过程中，在政府信用建设之外还应注重社会诚信机制的发展。社会诚信应然将法律和道德评价的行为纳入自治环节，社会

① 于晴晴、张德淼：《京津冀营商环境协调机制的构建》，载《河北学刊》2021 年第 4 期。

② 席卫群：《制造业资本使用成本、所得税负与固定资产投资——基于我国省级面板数据的分析》，载《广西师范大学学报（哲学社会科学版）》2021 年第 4 期。

③ 范子英、李经：《“十四五”时期促进国内统一市场形成的财税改革思路》，载《税务研究》2021 年第 2 期。

④ 周阳、陈华森：《复合治理：“双循环”新发展格局下地方营商环境优化路径——以“川渝陕黔云桂”为例》，载《经济体制改革》2022 年第 3 期。

诚信的评价和奖惩重组了自治、法治和德治资源，促成了“三治融合”。“法治社会”的核心内涵是公权力运作体系之外的社会生活的法治化。因此，全国统一大市场的法治化意味着以政府信用建设为目标的市场构建应尽可能地扬弃“地方政府统包统管”的治理模式。全国统一大市场对政府诚信体系的要求应通过多元市场主体“自治、法治与德治”融合，充分拓展社会信用体系的范围。这一过程实际上反映了政府在基层治理中如何通过实现治理体系和治理能力现代化破解流通壁垒。其中不仅蕴含了对市场经营环境的法治化要求，同时还提出了对法治社会发展逻辑走向的“家庭连带责任”。① 在多元利益交汇的时代，民众的权责观念变更实际上冲击了原有的传统交易习惯。在我国社会主义市场经济发展的初期，这种交易习惯大多默认了政府干预与管控的方式。以破除地方保护主义为导向，全国统一大市场建设将市场经济主体参与公平竞争的诉求提到了新的高度。因此，全国统一大市场若存在市场信用风险，则不仅会在贸易、金融和市场消费环节中形成流通壁垒，更阻却了中国特色社会主义市场经济的应有活力。在行政优异的监管路径下，政府信用建设应有限拓展行政公益诉讼的受案范围，不断发挥检察机关对全国统一大市场行政监管环境法治化的积极改善作用。

（四）贯彻要素市场政府监管重大事项的党委请示报告制度

全国统一大市场建设的法治化还应贯彻政府重大事项党委请示报告制度。② 为避免地方保护中的行政干预落入“中梗阻”陷阱，政府在破除市场供应链中资源和要素的流通壁垒时必须贯彻政府重大事项党委报告制度。根据《重大行政决策程序暂行条例》第 31 条可知，重大行政决策出台前应当按照规定向同级党委请示报告。党内请示报告程序介入行政程序，这体现的是

① 陈柏峰：《社会诚信机制基层运用的实践逻辑》，载《中国法学》2022 年第 3 期。

② 政府重大事项向党委请示报告，一般应通过政府负责人或者政府党组作为报告主体完成请示程序。

法治政府建设过程中党委“总揽全局、协调各方”的作用。以《法治政府建设实施纲要（2015—2025 年）》为参照，政府作出重大行政决策必须遵循“科学化、民主化和法治化”的要求。全国统一大市场建设离不开政府的行政决策指引，明确政府向党委请示和报告全国统一大市场建设中涉及重大行政决策事项范围，有助于改善政府在市场监管中的履职状况。请示报告中，党委作为审查主体应立足民主集中制强化党和政府之间决策的适用依据、决定程序的衔接。① 在首长负责制或者集体决定制的政府部门中，其提交的请示报告应体现政府党组的意志。在承担党委主体责任和监督责任中，政府重大事项向党委请示报告的制度可确保重大行政决策事项的过程同步与监督追责效果。② 涉及全国统一大市场的重大行政决策，其请示报告程序运行过程必须兼顾民主和效率价值。另外，在破除地域和行业流通壁垒时，地方党委和政府不仅可以通过调整行政监管事项范围强化市场监督效能，还可考虑在市场监管规则修订过程中探索党委审查后的重大事项变更备案制度。

本章小结：以大数据技术应用为契机提升要素市场政府监管的法治化水平

我国疆域辽阔，东、中、西地区经济发展存在不充分、不平衡的现实矛盾。独有的国情特点决定了全国统一大市场建设是一个长期的、复杂的过程。为减少要素在市场流通中的“梗阻”，就必须强化以政府为主导的市场监管规则制定的统一性，推进符合全国统一大市场高标准监管平台数据的互联互通。要素市场化改革不仅体现为多元市场主体主动探索公平参与市场竞争的路径，

① 刘文健：《论重大行政决策请示报告制度变迁中的民主集中制》，载《党内法规理论研究》2021 年第 2 期。

② 王建芹、陈思羽：《党内程序如何介入行政程序——论重大行政决策程序与中国共产党重大事项请示报告程序的衔接》，载《中共天津市委党校学报》2021 年第 2 期。

更体现为政府在推进信用法治建设中，通过数据技术优化升级政务服务质量。由世界银行发布的《全球营商环境报告》可知，营商环境评价指标并不涉及市场规模、基础设施以及教育医疗等软性配套建设，但这些要素对提升政府监管能力，改善市场主体的竞争环境而言至关重要。① 要素资源市场上多元要素自由流通的体制保障对应了不同强度的政府监管模式，而政府监管是否趋于法治化又可从政务服务的质量当中窥见端倪。未来随着全国统一大市场的形成、发展以及不断完善，大数据技术的应用场景正不断突破原有的新兴科技领域界限而呈现出更为丰富的内涵。在数据产权界限逐渐明晰的过程中，数据技术应用范围也逐步延展至传统经济产业的各个环节当中。这意味着，政府借助大数据分析工具以及日趋完善的信用体系规则优化财政税收政策体系。以税收法定、减税降费法治化和税收征管信息化为面向，政府可通过多部门联动的风险预警和评估机制达到全周期全要素的市场监管质效。② 以优化法治化营商环境为目标，以数据技术为支撑的政府监管不仅能够统一跨地域、跨行业的监管标准，而且能够通过完善市场激励机制，不断增强多元市场主体参与统一市场竞争的活力。

---

① 彭刚：《国际比较视角下中国优化营商环境的探索》，载《中国流通经济》2022年第6期。

② 许多奇：《纳税营商环境优化与税收法治化变革——世界银行纳税营商环境指标不适用性反思》，载《法学家》2022年第3期。

第六章

全国统一大市场背景下政务诚信建设的基本理论与发展路径

全国统一大市场建设是新时代经济高质量发展的必然要求，关乎多元要素自由流动的公平开放市场竞争环境。政务诚信是一级政府公信力的来源与底色，是经济高质量发展的政府信用背书，亦是政府依法行政增量价值的体现。当前，政府助推行业市场的分割过程中易引发不正当竞争，地方政府的个别保护主义导致的部分市场失灵，使得社会征信行业对市场相对人的有效救济存在制度供给不足的特点。比较域外政府信用的评级标准，"标普""穆迪""惠誉"具备了我国本土化适用的部分借鉴参考价值，而"公共选择"理论、"委托-代理"理论和"交易成本"理论在融入市场监督的过程中也体现出与时代同步发展的特征。未来政府应主导建立健全统一的市场登记管理机制，强化经济行政领域的外部监管机制，在政务失信的可诉性视角中完善追责惩戒机制。

一、问题的提出：何为全国统一大市场建设中政务诚信的基本方向

党的二十大报告提出"高质量发展"是全面建设社会主义现代化国家的首要任务。建设全国统一大市场可以有效推动国内经济高质量发展，深化要

素市场化改革，促进各类生产要素充分流动。① 对作为行政主体的政府而言，全国统一大市场建设与发展关乎着“简政放权”的实效、“放管结合”的成效以及“优化服务改革”的质效。全国统一大市场旨在形成高标准市场体系，这不仅可加大产权保护力度，规范市场准入，更能促进公平竞争，强化社会信用作为市场经济基础制度的调节功能，从而深层次优化和完善公平的市场竞争环境。随着大数据技术引领时代发展，其赋能市场经济建设的各项领域时，政务诚信在信用法治建设中的重要性不言而喻。在《信用体系建设法（征求意见稿）》中，社会信用体系建设向下细分为政务诚信、商务诚信、社会诚信和司法公信等四种类型，凸显我国“四位一体”诚信建设的整体理念与思路，同时彰显政务诚信建设的重要性。② 信者，国之宝，民之所庇。③ 在全国统一大市场建设中，不仅要破除多元市场要素自由流动的行业壁垒，更要尽可能避免地方保护主义形成的地域流通壁垒。政务诚信建设作为社会信用体系建设的首要方向，旨在规避国家公权力介入市场竞争中的“塔西佗陷阱”覆辙。作为公平竞争市场秩序的构建者与维护者，政务诚信是政府履职的“信用背书”。政府公信受损时，其可潜在地对社会信用体系造成现实和将来的冲击破坏。多元市场竞争主体因政策“朝令夕改”而导致政务诚信受损，其可直接产生企业运营成本上涨、用工支出增加、企业合规风险上升乃至企业合理投资与扩张陷入无序等问题。实际上，居于首位的政务诚信对于商务诚信和社会诚信而言，发挥的应为指引与示范功能。④

在以政务诚信为核心要素的“守信环境”语境中，其蕴含了“守信能

① 参见中国共产党第二十次全国代表大会报告的内容。

② 李欣隆：《新时代政务诚信建设思想研究》，载《道德与文明》2021 年第 1 期。

③ 杨伯峻：《春秋左传注（修订本）》，中华书局 1990 年版，第 435 页。

④ 史苏：《以政府诚信为先导优化东北民企发展环境》，载《延边大学学报（社会科学版）》2019 年第 5 期。

力”“守信意愿”“守信行动”三个维度的评价指向。[①] 政务诚信的相对面为政务失信，政务失信包括内部失信与外部失信。外部失信集中体现为行政主体与行政相对人的行政法律关系范畴。“次生失信行为”作为外部失信的表现形式之一，并非单纯地指向某一次政策不履行，而主要是基于同一政策的多次爽约行为。此类消极的不作为即使通过行政诉讼的方式寻求救济，亦能以败诉后拒不执行人民法院的生效判决达到“次生失信”的实际效果。例如，数据要素在全国统一大市场建设中作为新兴的市场要素之一，其在数据互联互通的市场竞争中可产生显著的“长尾效应”。《党和国家机构改革方案》中明确提到了组建“国家数据局”以适应构建发展新格局来推动高质量发展。原隶属中央网信办的相关职能纳入国家数据局的职责范围，涵盖协调推动公共服务和社会治理信息化、协调国家重要信息资源开发利用共享等方面。其中，重点涉及数据要素基础制度建设和数字基础设施布局建设。在政务诚信层面，凸显了国家数据局对推动信息资源跨行业跨部门互联互通的重要性。[②]

在融入政务诚信建设的发展过程中，数据要素不仅为政务信息公开提供了实时动态的监控效果，而且为行政相对人有效参与法治化营商环境的改善建设起到了监督的作用。我国政府主导的“放管服”改革应结合国家数据局的主要职能与新发展目标，立足于大数据赋能政务诚信建设，在多元要素的市场流通过程中，实现数据互联，政务互通的新格局。因此，本部分旨在围绕《信用体系建设法（征求意见稿）》中政务诚信的基本内涵，明确政务诚信对全国统一大市场建设的重要地位和积极意义。在此基础上，探索作为市场监管主体的政府，在数据技术赋能政府经济监管和社会治理的过程中如何把握好时代发展的新机遇和新挑战。主要涉及借助大数据技术优势，不断完善政务信息公开、政府职能优化以及政府公信力增强等一系列要素市场化改

① 刘俊生：《少数地方政府失信行为及其治理策略——兼论优化民营企业营商环境》，载《人民论坛》2020年10月中旬版。

② 参见中共中央、国务院印发的《党和国家机构改革方案》。

革与社会治理的措施，以期在积极的连锁效应中推动政府信用法治建设的长远发展。

二、全国统一大市场背景下政务诚信的应有内涵与应然形态

建设全国统一大市场的主要目的之一是破除要素市场化配置改革过程中的流通“梗阻”以及整合行业地域中分割的多元要素市场，这主要涉及统一的市场制度规则、统一的要素和资源市场监管体系、互联互通的物流信息交互渠道以及交易平台等方面。① 作为要素市场化改革的直接动因，政务诚信为多元市场主体参与公平竞争提供了开放有序的信息交互平台。在全国统一大市场中，为构建标准化的市场制度规则和要素资源市场监管规则体系，应将政务诚信作为首要的建设目标之一。自《中华人民共和国民法典》颁布实施以来，政府职能转变的发展方向逐渐形成了有限政府、有为政府、守法政府、诚信政府、责任政府的新格局。其中，诚信政府的建设过程便是政务诚信的优化完善过程。在多元市场主体参与竞争的过程中，依法行政即应在《中华人民共和国民法典》的有效实施路径下不断推进诚信政府建设。② 2020 年 5 月，习近平总书记曾强调，重要的部门法典应作为政府依法行政的重要抓手，不得违背法律法规随意作出减损公民、法人和其他组织合法权益或增加其义务的决定。③ 因此，建设发展好全国统一大市场，在政务诚信主导下的社会信用体系建设过程中优化市场竞争的法治化营商环境，则首先应明确政务诚信在新时代背景下具备的应有内涵与应然形态。

---

① 王译：《全国统一大市场视域下要素市场化改革的现实问题与应对策略》，载《新疆社会科学》2022 年第 6 期。

② 石佑启：《论民法典时代的法治政府建设》，载《学术研究》2020 年第 9 期。

③ 习近平：《充分认识颁布实施民法典重大意义，依法更好保障人民合法权益》，载《求知》2020 年第 7 期。

（一）政务诚信的应有内涵

古谚有之，欲知平直，则必准绳；欲知方圆，则必规矩。① 政务诚信集中反映为政府在以其为主导的行政监管职能履行过程中，基于“信赖保护”原则而呈现的履职守约状态。作为社会信用体系建设的实施关键，政务诚信在社会治理过程中的重要目标为确保“征信体系”有效运转。多元市场主体参与市场竞争的信用行为记录、信用档案的归集与整理、信用分类、数据库及应用平台建设等方面均需依托政府统一的政务信息平台方能及时有效实现信息的互联、互通和共享。② 在此基础上，“守信激励”与“失信惩戒”则成为政府监管过程中完善社会信用治理水平的两项重要载体。在现有的全国统一大市场建设规划中，政务诚信的内涵不仅应从政治道德层面反映自身履职守约的“信赖利益保护”要求，更应从统一的市场经济运行规则视角明确良好的政务诚信，可有效降低市场主体参与竞争时的负外部性，避免因不当的人为因素而造成市场非系统性风险的增加。在全国统一大市场建设背景下，政务诚信的应有内涵可从如下方面展开：

首先，政务诚信是一级政府公信力的来源与底色。依照“政治德性”理论的基本原理可知，政务诚信同时蕴含了政治的道德诉求和道德的政治价值双重内涵。③ 政治德性在政治行为道德化的理论演进过程中，不仅体现了中国共产党领导下的人民政府具备了社会主义国家鲜明的人民主体性，在社会主义国家的意识形态中亦象征着人民主权的本位色彩。政务诚信作为政府公信力建设的重要来源，其建设过程彰现出政府天然享有市场监管职能的合法性

---

① 参见《吕氏春秋·自知》。

② 吴晶妹：《信用立法思考：我国未来三大信用法》，载《法学杂志》2022 年第 3 期。

③ 阮博：《政务诚信的理论确证》，载《内蒙古社会科学（汉文版）》2015 年第 1 期。

与正当性，且在“信赖利益”与“履行利益”的双重驱动下契合人民对美好生活的向往。因此，“正当预期”作为对“政治德性”理论解读的延伸，其表明了行政主体与行政相对人产生履职守约上的关联时，其应围绕“权利-义务”范畴明确政务诚信的价值预期和信赖保护的双重意境。① 有学者认为，“诚实信用”“信赖保护”“合理预期”可作为政务诚信内涵的三重维度。其意在表明，政务诚信有别于商务诚信、社会诚信，重点落脚于行政关系，即行政公权力的运行范畴。② 诚实信用作为民法领域的帝王条款，在依法行政的过程中逐渐演化为对行政相对人“合理预期”的“信赖保护”。基于成文法的安定性，其旨在确保行政行为不得朝令夕改，防止行政决定在行政长官个人意志的支配下偏离既定的立法目的。同时，“信赖保护”与“平等对待”“禁止过度”“避免偏私”等内在要求一并作为行政法基本原则的应然范畴。③

其次，政务诚信是全国统一大市场经济高质量发展的政府信用背书。不论是行政协议，还是行政允诺、承诺，均应在多元市场主体的“合理预期”中达到可期待利益的“信赖保护”状态，这种“信赖保护”的状态即蕴含了行政机关不能随意撤销行政决定的要求。④ 在促进国内国际双循环的高质量经济发展过程中，政务诚信的三个维度从实效上避免地方保护主义和行业壁垒形成的市场分割，或者因过度倚重内循环而造成的企业运营成本增加。有学者指出，国内循环和国际循环双轮驱动，发挥外循环的重要作用是我国经济增长表现优异的重要因素。在政务诚信发展中，良好的政府信用背书可实现

① ［法］让·里韦罗、让·瓦利纳：《法国行政法》，鲁仁译，商务印书馆2008年版，第542-546页。

② 余凌云：《诚信政府理论的本土化构建——诚实信用、信赖保护与合法预期的引入和发展》，载《清华法学》2022年第4期。

③ 周佑勇：《行政法总则中基本原则体系的立法构建》，载《行政法学研究》2021年第1期。

④ 马怀德：《行政法与行政诉讼法》，中国法制出版社2007年版，第57-59页。

更高水平的双循环，包括全国统一大市场形成后的优化内需结构以扩大消费比例，竞争政策促进市场优胜劣汰，加快人口城镇化以及推动国有企业改革等。①

最后，政务诚信是全国统一大市场中政府依法行政增量价值的体现。从行政法定原则视角来看，“信赖保护”原则的重要性已然超越了行政行为的越权无效原则。② 党的十八届三中全会报告将市场对资源配置的基础性作用表述为“决定性作用”，其意在指出多元市场主体参与竞争时应在以政府为主导的规范行政行为下保障相对人的预期利益。同样，这反映在政府对市场经济的有限监管层面。在市场规制的公法领域中，政务诚信将全国统一大市场中的多元主体竞争纳入了“信赖保护”的范畴。

（二）政务诚信的应然形态

第一，政务诚信的法治形态体现为国家社会信用体系中的信用法治建设。在《信用体系建设法（征求意见稿）》中，政务诚信在四大信用发展板块中居于首位。当前，社会信用体系建设中以政府为主导的政务诚信建设应然反映在信用法治领域，在外部行政关系范畴中，政务诚信包括立法诚信与执法诚信；在内部行政关系范畴中，政务诚信主要涉及政府诚信和公务员诚信。政府诚信主要是指行政决定不得任意撤销或者变更，包括政策承诺与合同的履约兑现；公务员诚信意味着公务员不仅应引领示范个人信用建设，同时还应成为信用法治建设的主要承担者和推动者。由此，公务员诚信档案或者信用记录应然须纳入干部考核、任用和奖惩的依据。③ 对如何加强各地政府的信用法治建设，《国务院关于印发社会信用体系建设规划纲要（2014—2020 年）

---

① 江小涓、孟丽君：《内循环为主、外循环赋能与更高水平双循环——国际经验与中国实践》，载《管理世界》2021 年第 1 期。

② 姜明安：《行政法基本原则新探》，载《湖南社会科学》2005 年第 2 期。

③ 韩家平：《加强公务员诚信建设为何重要》，载《中国党政干部论坛》2019 年第 1 期。

的通知》，明确了政府在社会信用立法中的主体地位。作为地方性法规效力层级的涉地方信用法治建设的规范性文件，上海、天津、广东等地陆续出台相应规范，规制政府及其组成部门在地方政府规章的立改废释纂以及执法过程中的行为。现有的地方性法规为信用法治建设提供了地方经验与指引，但并未从全国统一大市场的整体层面强调政务诚信在经济行政领域的特殊性，此有待进一步探讨。对行政相对人而言，政务诚信作为信用法治建设形态的具体化呈现，即通过行政纠错的程序设置，赋予行政相对人以告知、说明、听证以及纠错的除斥期间来保障程序救济权利。① 在涉政务诚信的行政诉讼案件中，法院针对抽象性行政文件的附带性审查使政务诚信得到了更多关注和重视，甚至在受案范围层面的有限扩张表明了政务诚信的可诉性得到了加强。

第二，政务诚信的经济形态体现在多元市场主体公平参与的共同竞争环境。在政府主导的过程行政行为乃至行政立法活动中，多元市场主体需加强公众参与意识：一方面，多元市场主体共同参与行政立法，在行政公开语境下具有独特的价值和功能；另一方面，多元市场主体作为行政相对人参与行政立法时可在法律依据的正当性层面予以补足。② 另外，作为政务诚信的要求，政府信息公开为多元市场主体参与听证提供相应的实质性程序权利。作为市场监管的相对一方，多元市场主体参与行政立法听证时，其可行使的实质性抗辩权利应得到政府的有效尊重。在此基础上，市场主体在行使抗辩权时，实际上通过贯彻政务诚信的柔性方式实现了程序正义。在实体正义层面，多元市场主体参与听证的过程也在政务诚信的贯彻过程中合法合理地排除了相对人的错误抗辩意见，从而在正确抗辩意见中实现了实体正义。③

---

① 李支：《我国政府信用建设的法治思考——基于信赖保护原则的视角》，载《宏观经济管理》2017 年第 S1 期。

② 李卫刚、李艳军：《行政立法中的公众参与——以政务诚信建设为视角》，载《西北师大学报（社会科学版）》2021 年第 4 期。

③ 龚向田：《论行政立法听证中相对人抗辩有效性的功能》，载《湘潭大学学报（哲学社会科学版）》2020 年第 3 期。

第三，政务诚信的社会形态体现为社会信用体系中有序发展的征信业。政务诚信的新形态体现在政府监管下的征信业发展过程之中，征信业发展主要包括征信机构处理公共信用信息、开展信用评级、从事信用调查和信用咨询等，其表现有三：其一，在处理公共信用信息过程中，征信机构的主要股东、实际控制人须接受国务院征信业监督管理部门监管。对该部分公共信用信息归集、处理和应用等的监管规则，应由国家发展改革委会同中国人民银行制定，以体现监管规则制定层面的政务诚信。其二，征信业机构在出具信用报告时，不仅应通过适当措施保障信息的及时性、准确性和完整性，且应赋予多元市场信用主体的公共信息异议的权利。这包括，调整公共信用信息异议的申请条件，拓宽异议申请主体范围至利害关系人，明确法定的异议申请期限。① 在反映征信机构从事信用评级时，政务诚信要求体现在评级标准的优化、内部控制机制的完善以保障核证评级材料的可靠性和真实性，从而提升信用评级的客观性和透明度。其三，在信用调查和信用咨询层面，征信机构应充分重视尽职调查程序并遵守信用评级标准，重点强调信用信息评级的独立性和信息披露的管理。在此基础上，政务诚信推动社会征信业发展时，相关评级服务管理部门的监管规定可促进社会诚信的良好互动。以《中华人民共和国个人信息保护法》为政务诚信的实现依据之一，国家利益、公共利益以及公民个人隐私均纳入了公共征信业发展中的重要保护对象范畴。

三、全国统一大市场建设中政务诚信建设面临的现实问题

在以“全国一张清单”为市场规制目标的统一大市场规则体系建设过程中，政务诚信面临着我国东、中、西部地区发展不平衡不充分的实际矛盾。

---

① 顾敏康、白银：《公共信用信息异议制度的立法实践与优化路径》，载《求索》2022 年第 5 期。

我国主要矛盾的三次变化，自党的十一届六中全会到党的十九大，核心内容已经转变为“人民日益增长的美好生活需要和不平衡不充分的发展之间的矛盾”。在推进中国式现代化进程中，政务诚信在经济行政领域主要为促进现代化的全面协调发展，兼顾全面性与重点性，着力解决不平衡不充分的发展问题。其中，促进区域经济的协调发展对全国统一大市场建设而言至关重要。这主要包括，通过各产业体系的现代化推动经济协调发展，通过独立的完整的工业体系夯实农业基础，通过虚拟经济服务作用反哺实体经济等方面。① 在经济行政领域，政务诚信融入全国统一大市场发展进程中，不可避免地面临着行业壁垒与地域壁垒带来的“梗阻”。基于政务诚信部分依托的经济行政权能，当前统一大市场的建设过程中实然地面临着地方政府直接或者间接影响下的行业保护与地方保护的现实问题。

（一）地方政府的个别保护主义引发市场失灵

在经济行政领域，现有的制度经验仍启示着行政法难以制定统一的法典，此乃国家和社会的行政规律所致。在“限缩法典说”与“时机成熟论”的抵牾下，行政法领域不能制定统一法典不代表不能实现经济行政领域规范的法典化。由此可知，在以完善政务诚信为目标的全国统一大市场法律规则构建过程中，经济行政领域的法典化应然具备了制度立法设计的容许性。② 在经验主义理性与构建主义理性的交互过程中，世界范围内行政立法的法典化是成文法国家孜孜以求的目标。对经济行政领域的决策影响，政务诚信的实现路径往往需要通过理性的行政决策以体现经验主义。以“先验主义”为代表的理性决策，往往过分依赖少数决策者在某一熟知领域的

---

① 郑有贵：《中国式现代化演进中破解不平衡不充分发展问题的路径》，载《中南财经政法大学学报》2022 年第 6 期。

② 杨建顺：《行政法典化的容许性——基于行政法学体系的视角》，载《当代法学》2022 年第 3 期。

经验认知，从而忽视了“渐进主义”对经济整体高质量发展的外部性要求。其过度关注决策目标实现的理论“最佳”，即以纸面数据的优越替代实然的潜在社会运行质效。① 由此可知，即使政府从国家层面不断强调破除地方保护主义作为高质量经济发展的内在要求，但在地方分割的市场竞争中往往带有一些难以言说的“暧昧”色彩，这使得优化营商环境在经济行政的具体场景往往成为“空中楼阁”。② 地方政府在税收压力的支配下，尽管淡化了不少显性的地方保护措施，但仍心照不宣地将隐性的地方保护主义奉为地方经济发展的圭臬。在我国 1994 年分税制改革以前，“财政包干制”显著提高了地方政府的自主能力，使得以行政手段为媒介的地方干预市场行为呈现出常态化与正当化特点。在分税制改革的积极影响下，地方事权并未因财权同步收回中央。即使中央的转移支付和专项补助具备了填补地方财政缺口的能力，但其获得的来源和条件具备了鲜明的不确定性。在超越分权之外，地方政府并未改变以 GDP 增长为基础的绩效考核与政治晋升机制。因此，以地方保护为特点的政府干预行为与地方税收收入息息相关。③ 以新能源汽车市场为例，新能源汽车作为制造业的税收重要贡献者，易诱发地方政府对税基的追逐。将新能源汽车的生产、制造和销售禁锢在本地市场，可有效降低经济发展指标的考核压力。④ 但是，由全国统一大市场的规则构建目标可知，在统一的经济行政监管清单中，地方政府即使历经了“分税制”改革和“营改增”，其对地方市场的个别保护可间接地导致局部的市场失灵现象

---

① 沈莘：《从先验理性到经验理性——对林德布洛姆“渐进主义”决策理论的解读》，载《政治思想史》2020 年第 3 期。

② 近年来，抽地方烟、喝地方酒等现象逐渐淡出了地方保护的视野。地方保护主义更多情形下关注特定行业的个别市场主体，其以隐性的地方保护支持手段规避统一的市场监管标准。

③ 周黎安：《中国地方官员的晋升锦标赛模式研究》，载《经济研究》2007 年第 7 期。

④ 罗进辉、林明：《加快建设全国统一大市场：时代意义、制度渊源与经济影响——以新能源汽车产业为例》，载《财会月刊》2022 年第 5 期。

产生，此尤须得到重视。①

（二）政府助推行业市场的分割引发不正当竞争

我国国内市场集中表现为区域市场零碎且分割，不仅反映在以地方保护为特点的地域市场，还反映在上下游之间的行业市场。在行业市场不断面临切割细分的时代，政务失信可将不合理的税收减免政策以承诺、允诺的方式体现在个别行业中。当该行业占据本地市场中的寡头乃至垄断主体地位时，这将阻却包括数据、技术、土地、劳动力在内的多元要素跨行业市场的合理流动。要素市场化改革对政府权力配置的再完善，应关注细分市场中的政策导向。当前，在绩效压力下，对此并无过多的追责机制与之匹配。全国统一大市场建设中扩大内需应缓解行业分割市场之间的供需矛盾，而中央与地方政府的“财政分权”与“晋升竞赛”的制度安排，使得地方政府的绩效考核往往关注单一行业市场的经济发展指标。同时，“新官不理旧账”的惯例思维使得地方政府负责人的变动可能导致政务失信现象演变为拒绝兑现承诺、允诺或者调整现有行业分割市场的发展方向。在不同届政府的政策承诺之间，当打破现有行业分割市场的平衡时，不正当竞争即在政务诚信中成为不可回避的现实。且此种政务失信现象具备了市场监管对象的不特定性，甚至在将来行业分割市场的发展过程中难以化解行业市场分割的不正当竞争风险。行业市场保护既难以从公务员诚信的角度实现个别追责，亦无法在“情势变更”的政策调整场景中作为政府失信追责的借口。由实践可知，政府失信行为在互联网平台中不仅难以记录和公示，在不正当竞争现象产生后往往欠缺政府失信行为的撤销、跟踪和修复等配套机制。不同届政府之间既缺少助推不正当竞争的监管监督机制，亦从行政赔偿或者行政补偿层面欠缺政府自主恢复

① 吕冰洋、台航：《从财政包干到分税制：发挥两个积极性》，载《财贸经济》2018年第10期。

信用的内生动力，从而使得“搭便车”式的行业分割市场不正当竞争现象难以得到有效的规制。在趋利经济的假设中，政府失信行为的成本小于不正当竞争的效益，政府则易运用公共监管权力阻滞政府信用的履行。①

（三）政府对社会征信业发展的态度导致相对人有效救济不足

我国古代封建统治对刑罚的迷信与崇拜，造就了中国传统的忌讼与耻讼的心态。② 基于公民忌讼耻讼的心理，“信权不信法”“信访不信法”“信关系不信法”成为阻却多元市场主体通过合理路径解决政务失信的内在因素。以政府为主导的多头多层执法，在标准上不统一以及偏离“一事不二罚”现象使得政务失信可激化更深层次的社会矛盾。③ 因此，在全国统一大市场建设中，现有的行业壁垒和地方保护主义都可成为政务诚信建设的“梗阻”。由2016年《国务院关于建立完善守信联合激励和失信联合惩戒制度 加快推进社会诚信建设的指导意见》第21条和第22条可知，政务失信现象产生时，信用修复蕴含了对信用主体权益保护的内在要求。在政务失信的具体类型中，公务员失信行为在内部行政关系中可通过党纪、政务、行政等处分机制予以惩戒，这包括自我纠错减少政务失信的损失。然而，基于政务失信的信用修复与程序异议在以相对人权益为指向的外部救济中欠缺必要的规制路径。④ 多元市场主体在政务失信中寻求有效救济，其仍然缺失相对配套完善的诉讼或者非诉机制。从内部行政行为的不可诉层面来看，政务失信涉及政府失信与公务员失信，其在个人、单位追责以及公信力恢复方面应予区别对待。从国家监察的“全覆盖”和“一体化”层面来看，公务员内部惩戒已经形成了相对完善的制度框架。在救济效果上，多元市场主体作为市场监管的

---

① 钱晴、裘铮、容志：《政府信用：对一种新解释范式的理论探索》，载《湖北社会科学》2003年第5期。

② 林丛：《论法家重刑的法学思想及其影响》，载《东岳论丛》2009年第8期。

③ 李林：《中国法治的现状、挑战与未来发展》，载《新视野》2013年第1期。

④ 朱兵强、孙铭杰：《政府失信惩戒法治化初探》，载《征信》2019年第8期。

行政相对人时，仍难以立足于风险预防层面尽可能避免政务失信造成的将来不利益，特别是在政务失信表现为政府集体决策时，不仅追责难以落实，损失弥补的效果也不尽如人意。对政务失信的事前预防、事中干预和监督乃至因政务失信造成损失的替代责任如何弥补等方面，现有规则并未过多从风险预防和控制层面就多元市场主体的救济效果作出具体预设，有待进一步完善。

四、全国统一大市场建设中政务诚信评级与理论来源的比较考察

比较不同法系国家乃至国际通行政府信用标准，在经济行政领域政务诚信的理解同样反映在以公法人为责任主体，以及以公职人员为责任主体的政务诚信理念。政务诚信可反映一国现代市场经济的法治基本状况。与传统市场经济的本质区别在于，现代市场经济中的法治规则是政府信用的根本前提，尤其在“非人格化交易”领域，政府与经济人的关系演变为“保持距离型”而非传统的“信任型”关系。[①] 由此，在对政府诚信与公务员诚信的分类借鉴中可形成我国制度构建的比较观照。

（一）域外政府信用评级标准的比较考察

多元市场主体的“非人格化交易”模式将全国统 大市场中的政务诚信关系转变为更强调“理性经济人假设”的政治决策关系。[②] 美国地方政府评级方法包括“标普”和“穆迪”。美国发行地方政府债券，其信用评级与上级政府的政治法律关系密切相关。相较于政务失信现象，政府在地方债券发

① 钱颖一：《现代经济学与中国经济改革》，中国人民大学出版社 2003 年版，第 22-24 页。

② 陈国权：《社会转型与有限政府》，人民出版社 2008 年版，第 90 页。

行后的偿债能力与自身财政税收政策的实施效度密切相关。有学者认为，政府监管部门在发债过程中的审批监管，目的是债券评级信息的真实性。[①] 基于债券信用的评级标准，外资评级的声誉假设并不可靠，这表现在具有外资背景的信用评级机构在信息公开程度上并不优于内资背景的信用评级机构。因此，在比较视域下政务诚信的建设更关注主权国家中央对地方政府的控制能力。相对于自身的区域经济趋势和财政状况，地方政府偿债能力涉及本级财政的调整能力，其偿债意愿与上级乃至中央政府的法律、政治关系密切相关。上下级政府、同级政府之间的经济、财政关系及其依赖性，决定了地方政府信用在标准设定层面有可能高于其他主权国家的标准。

1. “标普”信用评级标准

以美国为例，其地方政府的高度自治体现为税收的自主权。根据（标准普尔）“标普”美国体系与国际体系的适用差异可知，美国地方政府的信用评级并不受限于美国的主权评级。而“标普”信用评级标准涵盖了美国地方政府评级的6个一级评价要素，其要素的评分权重分别为：体制框架（10%）、经济（30%）、管理（20%）、流动性（10%）、预算表现（10%）、预算弹性（10%）。[②] 对应至地方政府信用评价时，经济指标的权重最高。作为核心要素，经济指标在体制框架中主要用来评估地方政府运行的实践环境，这包括预期性、收支平衡、透明度和审计、系统支持等方面。

2. “穆迪”信用评级标准

承上所述，在“国际体系”地方政府的信用评级中，“穆迪”标准将评级要素一般区分为两种类型，即评估对象的基本信用状况和评估对象的外部

① 韩斯玥、刘力一、温权：《政府监督与信用评级：互补还是替代?》，载《上海金融》2015 年第 1 期。

② 高明：《地方政府信用评级的国际比较研究》，载《征信》2019 年第 1 期。

支持要素。前者基本信用状况评估的要素还包括自身信用风险和系统风险。① 因此，在“美国体系”之外，地方政府信用评级的要素实际上包括了三种类型，即自身信用风险、系统信用风险和外部支持。在现代市场经济的比较视域下，政府信用评价在“标普”之外，将“穆迪”和“惠誉”作为主要的信用评级标准。这些通行的国际标准亦将地方政府信用评级按照“美国体系”和“国际体系”予以界分，其他国家和地区的政府信用评级则统一纳入“国际体系”考量范畴。以“穆迪”标准为例，“国际体系”的评级方法同样涵盖了经济实力、财政实力、政府治理和债务管理等一级要素，其权重分别占比 30%、30%、20%、20%。近年来，ESG（环境、社会和治理）因素逐步为信用风险评估领域关注。净零排放转型计划在多国或多个地区的气候信息披露文件中得到肯定，低碳、可持续经济的战略性转型使得原有的“穆迪”信用评级愈加亟待调整，尤其是在时代变革过程中的碳转型风险。对政府信用评级而言，“穆迪”标准在评估信用影响时会优先考虑政府对本地市场环境的 ESG 因素的影响。②

因此，通过上述国际通行的信用评级标准可知，流动性、预算表现以及预算弹性在财政措施体系中可充分反映一级乃至一国政府决策的科学性与可行性。对多元市场主体而言，不同级别的政府在执行财政税收政策的效度上可呈现出明显的差异。由此，我国政务失信的评价标准难以在地区和行业之外来设定统一的评价规则，否则对经济发展水平各异的东、中、西部地区而言存在显见的不公。在全国统一大市场的预期设想中，关于财政税收优惠政策的制定、行业的统一监管和重点监管，政府经济行政决定的执行都应纳入

① “自身信用风险”属于非系统性风险，在政府信用评价中常见于政府主要负责人、组成部门的主要负责人以及具有支配或者影响市场能力的公职人员，在个人意志脱离经济发展实际时，其决策或者行为对本地市场竞争带来的直接效力或者间接影响。

② 汪洋、拉胡尔·戈什：《信用评级分析如何整合 ESG 因子——穆迪评级的方法论与实践浅析》，载《金融市场研究》2023 年第 1 期。

统一的市场体系下，这可集中充分发挥国家在经济行政领域对财政水平和政府债管理能力的优势。

（二）域外政务诚信建设的理论观照

“有限理性”和“机会主义”的双重限定将现代市场中的经济人假设为政府监督市场的政治秩序导向。因此，在“公共选择”理论、“委托-代理”理论和“交易成本”理论融入市场监督的过程中，基于法治政府的市场监管要求，其对自由主义市场监督形成了明显的挑战。① 多元市场主体参与政府监管的统一大市场竞争过程中，都体现了个人效用的最大化。由此，源于域外的现代市场经济构建过程中的一些经典理论，可为我国统一大市场建设中政务诚信的完善发展提供借鉴观照。本部分重点选取了“公共选择”“委托-代理”和“交易-成本”三种理论进行比较分析。

1.“公共选择”理论

“公共选择”理论以布坎南和阿罗为代表人物，后者提出了西方经济学领域中著名的“阿罗不可能”定理。②“阿罗不可能”定理旨在说明，政府作出看似理性的决策时，也不可能让所有偏好不同的市场主体满意。从“理性经济人”假设出发，“公共选择”理论中政府被拟制为理性的“人”，通过组成部门、直属机构以及工作人员等载体实现政府在经济市场中的各项理性决

---

① 陈国权、曾军荣：《人性预设转变与公共行政理论变革》，载《浙江大学学报（人文社会科学版）》2003 年第 2 期。

② 尽管有学者提出“阿罗不可能”定理仅针对外在集体，但内在和外在集体的学理界限仅停留于“合作意向”层面，因而具有显见的片面性。在全国统一大市场中，我国因地域辽阔，东、中、西部地区发展不平衡，多元市场主体涉及不特定多数人的不同利益偏好，因而无法排除“公共选择”理论作为我国大市场建设的理论借鉴可能。参见袁继红：《社会选择悖论与集体理性——从阿罗不可能定理谈起》，载《学术研究》2015 年第 8 期。

策。① 在财政税收政策制定和调整过程中明确预算管理方式和预算绩效，通过转移支付平衡地方收支，通过促进多元要素的自由流通公共政策以实现参与市场的多元主体利益最大化。回归我国政务诚信建设，“公共选择”理论在政府信用建设中更多地强调地方政府的财政支出结构，包括增进财政预决算透明度。② 多元市场主体的信赖保护亦应基于科学优化的财政支出结构而形成合理的投资和运营预期成本规划。

2. “委托-代理”理论

“委托-代理”理论主要关注政府作为行政主体之一，其与法律法规授权的组织以及受委托组织之间的关系。在外部审计中，“委托-代理”理论主要应用于审计主体的独立性判断过程。③ 在现代市场经济中，典型的体现“委托-代理”关系的政府行为主要涉及公共事项的授权委托，诸如公共信息数据运营管理。以数据服务市场中的公共事项授权为例，数据可携权在 2016 年的欧盟《通用数据保护条例》（GDPR）中得到明确。欧盟创设的“数据可携权”仅针对个人数据，因而未涉及“非个人数据”领域。“全国统一大市场”畅通多元要素流通的市场建设理念实际上与欧盟的“单一市场战略”不谋而合，GDPR 更关注公民个体的数据权利。对此，政府应在市场还未提供最大化的数据共享支持时，通过“委托-代理”的方式授权相关主体对此类情形予以监管，明确受托管理数据的主体与不同数据控制者之间的关系。④ 2018 年，

① 冯博览：《公共选择理论视域下地方公共卫生财政预算优化》，载《经济研究导刊》2023 年第 2 期。

② 陈少炼：《地方财政支出结构优化研究——基于公共选择视角》，载《现代营销（下旬刊）》2020 年第 7 期。

③ 万华：《基于委托代理理论的外部审计独立性分析——以 U 公司为例》，载《财会通讯》2023 年第 1 期。

④ 马斌：《B2B 场景下非个人数据共享——以事前监管措施与事后竞争规则为视角》，载《科技与法律》2021 年第 6 期。

欧盟《非个人数据自由流动框架条例》实际上填补了非个人数据的监管规则漏洞。而以数据驱动为创新导向的经济发展模式建立在大数据分析工具的可用性基础上，由此，数据要素在自由流通的过程中可反映非竞争性特点，但政府对个人数据和非个人数据的不同处理态度，要求受托监管主体应侧重关注非个人数据主体的多元数据需求，特别是针对数据信息公开中的政务失信现象。除数据要素市场之外，还包括公共基础设施领域政府吸纳社会资本合作模式，即“PPP 融资模式”。“PPP 融资模式”曾一度成为某一年度内经济领域的高频词汇，其主要因为 PPP 项目的实施过程中涉及双重委托代理关系。此时，若为有效提前预判和化解潜在的政务失信风险，金融机构应基于融资监管方的义务要求提前介入期望效用水平的风险监测过程。这不仅可增强政府对 PPP 项目推进的激励强度，而且能同时提升社会资本方的风险管理和非风险管理努力水平。

3. “交易-成本”理论

立足于“理性经济人”假设，“交易-成本”理论可较为充分地反映多元市场主体在遭遇政府失信行为时，将如何降低运营成本的问题。法治下的责任政府蕴含了政治、法律与道德的三重内涵，但职责感和有效责任之间应予以界分。政务诚信的“一体两面”，蕴含了主观责任和客观责任两种形态，前者主要指公务员诚信中履职伦理的自主性，后者主要指基于法律授权而形成的责任和义务。① 有学者认为，政务诚信已经突破了政府信用的概念范畴。从“诚信”本身的价值内涵来考量，诚信以人的价值观为基础而超越了“信用”的对物属性。基于政府信用的特定性，政务诚信在当前市场经济环境中乃为实现从道德信赖到信用责任的合理期待。② 此亦是在“交易-成本”理论基础

① 陈国权：《社会转型与有限政府》，人民出版社 2008 年版，第 153 页。

② 孙铭杰：《论政府失信行为的界定——以优化营商环境为视角》，载《中共南京市委党校学报》2023 年第 1 期。

上对诚信指引法治的肯定。在政务诚信指引法治过程中，政府行为须在公权力规范的约束中明确信用责任的可责性。①

五、全国统一大市场建设中强化政务诚信建设的改革出路

在全国统一大市场建设过程中，若要降低多元要素在统一市场中的流通“梗阻”，则须关注政务诚信背后行政审批权的运行规律。多元要素市场在全国统一大市场中破除行业壁垒，就必须在政府监管职能的实现过程中不断改善政府对市场规制的效能。全要素市场的多元主体在公平参与市场竞争时，需需要统一的竞争监管标准。② 若欲在法治轨道上明确“亲清”的政商关系，需要政府充分运用法治思维和法治方式固化“放管服”改革成果。通过推动政务诚信，加快社会信用体系建设来优化法治化营商环境。③ 政务诚信建设的推进应纳入社会信用体系综合考量，包括社会信用信息类型的边界探讨，未来亦须围绕政府信用信息的形成、获取、使用和监管等方面将其纳入规制对象范围。有学者认为，社会信用信息中的“义务”涵盖了效力性、行为的可评价与明确性、责任的关联与强制性等三项判断标准。④ 因此，在全国统一大市场建设层面为保障多元市场主体的信赖利益与履行利益，政务失信行为须具备权利救济上的可责性与可诉性。

（一）以政府为主导建立健全统一的市场登记管理机制

市场登记管理旨在明确多元市场主体参与公平竞争的身份资格，明确统

---

① 从道德教育的非强制性层面，政务诚信的信用责任主要指的是政府行为的可责性和可诉性。参见陈翠玉：《政府诚信立法论纲》，载《法学评论》2018 年第 5 期。

② 王译：《全国统一大市场视域下要素市场化改革的现实问题与应对策略》，载《新疆社会科学》2022 年第 6 期。

③ 王敬波：《“放管服”改革与法治政府建设深度融合的路径分析》，载《中国行政管理》2021 年第 10 期。

④ 张路：《社会信用信息的规范定义及其标准阐释》，载《征信》2022 年第 10 期。

一登记、统一指导和统一管理的总体要求。对提升政务诚信水平而言，当前经济行政领域首要关注的改革“痛点”即在于如何优化全国统一市场准入行政审批的过程监管机制。“中梗阻”现象出现，往往给处在经营状态的市场主体更多的不确定性。在投入时间和资金成本的基础上，市场主体遭遇“中梗阻”将陷入进退“两难”状态。市场登记管理机制的不畅通，往往倒逼市场主体“用脚投票”：一是归因于行政审批过程中的政务失信，二是归因于当地政治生态环境的不信任。此现象若经个别媒体报道或者通过其他路径传播，则将对本地经济造成不可逆转的负面影响。在全国统一大市场背景下，有序的市场登记管理机制不仅可帮助政府在紧急情形下恢复政务诚信，而且能缓和多元市场主体在接受政府监管的过程中形成的矛盾。以政务数据为例，不同部门之间数据信息的流通不畅与信息平台的数据对接端口标准不一成为“中梗阻”现象产生的重要原因。在相对割裂的职能部门之间，这类“信息孤岛”可直接导致政务诚信受到一定的冲击。① 破除“中梗阻”的市场统一登记机制，必须着力提升数据技术在政务诚信领域的应用水平。在市场准入机制的健全过程中，全国统一的市场登记管理还应包括有序的市场退出登记机制和市场休眠登记机制。作为保护多元市场主体的创新治理手段之一，休眠登记制度就处在停止经营状态的市场主体予以信息记录和管理，该行政确认行为纳入政务诚信评价体系时，可反映在市场主体资格是否及时保留以及是否获得暂停缴纳税款、社保金等方面。②

（二）在全国统一大市场中强化经济行政领域的外部监管机制

作为市场监管职能承担的主体，政府在强调经济行政领域中对相对人实

① 孙经纬、袁刚：《以“政民互动”改革有效破解行政审批的“中梗阻”——银川市行政审批制度改革的有益尝试》，载《理论探索》2022 年第 2 期。

② 休眠登记机制向下还可细分为休眠信息共享和休眠登记责任机制。参见罗英、张智成：《对我国建立市场主体休眠登记制度的探讨》，载《中国市场监管研究》2020 年第 6 期。

施的非行政行为亦应纳入外部监督的范畴。政务失信行为的及时救济，不仅需要从市场准入、休眠和退出的登记管理层面发掘规则完善的空间，更应关注数据要素融入政务诚信建设中的外部监督功能。具体包括两个方面：其一，适度扩张政务失信的外部监管主体范围。政务失信的解决往往依靠内部行政关系才能实现最大化的监督效果，此主要基于行政内部关系当中上下级行政机关之间的有效监督效能。除却直接领导和双重领导的行政机关身份属性，即使是诸如权力监督、法律监督等一系列外部监督方式，仍存在损失填补效率过低的规则诟病。由此可知，适度扩张政务失信的外部监管主体，重点在于如何发挥包括党委、人大、监察以及统战等多元主体在推进政务诚信建设过程中的外部监督实效。① 其二，合理调整政务失信行为的外部监管标准。在具有外部监督必要的内部行政行为范畴，数据技术融入政务诚信建设使得政府的承诺、允诺、指导等行为均处在了过程行政“痕迹追踪”和“监管可控”的行为记录状态之下。在关键生产要素市场中，政府不当的行政行为可限制乃至威胁供应链的稳定性。多元要素流通体系不畅很大程度上源于“内循环”理念，这将使得垄断和不正当竞争行为不断威胁市场秩序。② 因此，从信赖利益保护的层面优化政务失信行为的认定标准，须明确行政指导、行政协议等行为纳入政务失信判断标准予以规制的正当性与可行性。借鉴域外政府信用评级的国际通行规则，未来立法须明确本届和往届政府在不同时期指导社会资本流向过程中的合理性。在全国统一大市场建设背景下，外部监管的对象应侧重于地方市场中可能存在的财政税收政策的特殊待遇。从执行效度层面来看，政务失信的外部监管不仅应重视对多元市场主体的权利恢复和损失填补情况，还应关注数据要素在政务诚信中的规则完善，包括市场交

① 人大的质询监督通常难以应对事无巨细的行政审批行为，而此种市场准入类行政许可的审批过程一般从权利保障和恢复层面也难以走到诉讼救济的阶段。

② 蔡国材、徐政、郑霖豪：《建设全国统一大市场：新发展格局的基础支撑和内在要求》，载《当代经济管理》2023 年第 3 期。

易流通、开放共享以及安全认证等基础制度领域。① 以“PPP 融资模式”为例，在政务失信评价的成立要件上，其涵盖了政府指导行为对外部社会资本的直接作用，甚至还涉及多元市场主体的将来潜在风险。有学者指出，全国统一大市场在“PPP 融资模式”中更侧重于发挥内循环带动外循环的“双循环”发展优势。② 由此可知，在外部监管规则完善的过程中，各监督主体之间应当明确政务诚信适用在经济行政领域各阶段的特点。在统一大市场建设过程中，通过外部不同类别监督形式实现监督程序启动层面的职责分工、监督过程的配合协调以及监督效果上的功能衔接。

（三）以可诉性为视角完善政务失信追责机制

从政务失信的形态可知，当前行政审批行为应然在行政救济中体现为行政复议和行政诉讼。除此之外，政府的非具体行政行为在全国统一大市场建设中亦具备了相应的可诉性空间。这主要通过数据要素融入政务诚信，以明确政府决策在单位责任和公民个人责任之间的平衡。以地方政府在金融供应链中的信用功能为例，地方政府金融供应链在全国统一大市场背景下集中反映为订单融资和信用担保。政府订单旨在通过政府及其组成部门通过财政性资金采购货物、工程和服务来实现公共资源交易中政府建设目标。③ 而此种政府订单本质上即行政合同，其在情势变更原则之外，亦可因地方政府换届不予继续履行而出现政务失信的情形，这类现象可对融资相对方乃至信用担保

---

① 在数据要素发挥赋能价值的过程中，政府监管体制的不健全是重要的阻却因素。不同类型的数据、公共数据、商业数据和科研数据有序流通的可能模式。参见广东外语外贸大学粤港澳大湾区研究院课题组：《数据跨境有序流动何以赋能统一大市场建设——基于粤港澳大湾区建设视角分析》，载《国际经贸探索》2022 年第 11 期。

② 韩晗：《从“双循环”到全国统一大市场：我国文化产业高质量发展的前提、原则与路径》，载《东岳论丛》2023 年第 1 期。

③ 汪泳、黄长山：《加快建设政府供应链金融全国统一大市场》，载《政府信用采购》2022 年第 6 期。

方造成直接和间接的负面影响。对此，未来立法应关注如何有效完善政务失信的政府内部惩戒机制。从党纪追责、政务追责等方面来看，政务失信行为具备了单位追责层面的直接领导责任和重要领导责任，具体涉及政府组成部门的内部行政处分乃至党纪处分和政务处分。在处分责任形态之外，还可明确组织约谈、谈话函询、问责、组织处理等非处分责任形态。尽管政务失信行为的内部惩戒多以组织处理和行政处分的方式体现，在监督的外部层面仍应将其作为可诉性评估体系的要素之一。在纳入行政诉讼的救济过程中，未来立法还可考量不特定多元市场主体在市场准入和参与竞争时的信用保护公益诉讼的构建可能。此亦是从检察机关提起公益诉讼的“等”外探索层面，将信赖保护利益作为公益客体对待，既是对检察机关“公益代表人”身份的确认，又是外部监督的应然体现。① 从政务失信的个人追责层面来看，“身份+行为”的识别判断标准可帮助监督主体评价政务失信责任承担上的个人关联性。内部行政行为的外部救济方式，其可诉性尽管仍存在商榷之处，但并不意味着仅通过诉讼才能实现权利的回复效果。当政务失信行为成为纠纷多元化解决机制的研究对象时，立法还应关注行政复议和行政调解用于政务失信相对人权利保障的特定情形。因此，就政务失信的追责模式而言，未来应明确政府及其组成部门的机关法人、法律法规授权组织和受委托组织内部责任的分配。在救济路径的形式外观上，不论基于哪类主体代表政府作出的承诺、允诺等行为，均应对政府失信的相对人一方承担相应的连带责任。此种连带须甄别个人责任和单位责任的界限、政府负责人个人意志与集体决策的界限。通过监察政务处置中的直接责任、直接领导责任和重要领导责任的类型化标准，可就政务失信的追责单位和个人再予以细化。有学者

---

① 政务失信在市场竞争中的典型表现可反映在“预算背信”领域，这对多元市场主体的期待利益影响最为明显。“预算背信”的可诉性评估主要体现为公众参与司法的基本权利，通过检察公益诉讼的司法能动矫正政府失信行为和恢复政府信用。参见吕铖钢：《政府“预算背信”行为可诉性研究》，载《地方财政研究》2017 年第 10 期。

在早些年已经提出，政务失信背后的主要负责人，其在决策过程中是否存在失职渎职现象？这些情形应纳入犯罪客体的规制对象范畴。① 在全国统一大市场建设过程中，对因政务失信导致的相对人利益受损的情形，其能否同步匹配国家赔偿救济路径则需要在配套修订《中华人民共和国国家赔偿法》过程中再行探讨。②

此外，在以《信用体系建设法（征求意见稿）》为蓝本的规范发展过程中，国务院还可制定全国性的《政务信用建设条例》。甚至，可从政府信用与公务员信用视角出发，分别制定《政府信用建设条例》和《公务员信用建设条例》。从立法模式上出发，将行政法规的条例作为监督执法的依据，可通过解释性规范和执行性规范在部门规章和地方政府规章层面形成进一步细化的空间。

本章小结：在数字技术进步中不断呈现我国政务诚信的时代色彩

在全国统一大市场建设中，政务诚信的推进亦须恪守行政法范畴的比例原则。而比例原则的首要目的在于指出政府行为的合目的性，即行政决定的适当性须从属于行政目的。③ 政务诚信在大数据技术的加持下具备了更为鲜明的时代意义与特别的责任要求，不仅表现在政府监管市场的手段趋于公开，更体现为程序救济方式的多元。市场主体在参与全国统一大市场建设过程中，可通过更为合理的路径避免分割市场带来的地域壁垒和行业壁垒。政务信息公开的水平相较于以往亦大有改观，政务失信行为的可诉性在未来立法完善过程中应得到足够的重视，从而使得行政诉讼受案范围要有必要的延展。在

---

① 刘邦明：《论入刑思维在刑事司法中的影响和运用》，载《政治与法律》2010年第7期。

② 政务失信的行政赔偿和刑事赔偿界限主要在于失信行为与渎职犯罪之间的因果关系要件是否成立，这有待立法对该部分罪名规制的客体和客观方面予以调整。

③ ［德］奥托·迈耶：《德国行政法》，刘飞译，商务印书馆2002年版，第2-4页。

此过程中，行政相对人程序救济的意识和能力也可得到提升，有助于减少、缓解乃至消除行政审批“中梗阻”现象，降低承诺、允诺等政务失信行为对市场主体信赖利益的损失。在优化公平竞争的全国统一大市场营商环境中，通过推动政务诚信建设引领法治市场经济的高质量发展。

第七章

基于政务诚信建设的职务侵占犯罪风险预防研究

在建设全国统一大市场的过程中，法治化营商环境是其稳固运行的制度基石。这一目标的实现，不仅要求多元市场竞争主体从内部治理层面优化企业法人治理结构，更需要政府从政务诚信层面强化政府信用的表率作用。聚焦企业这一主要市场竞争主体，有效预防职务侵占犯罪风险，是企业合规经营和维护市场秩序的关键环节。深化政务诚信建设，则通过政府依法行政、信守承诺、公正监管，为市场主体提供稳定预期和公平环境。两者看似分属不同层面，实则互为表里、相互促进，此即意味着坚实的政务诚信是企业强化内控、防范职务侵占的重要外部保障。因此，破除要素流通的行业和地域壁垒，乃因企业内部人员的职务侵占行为损害企业利益以及扰乱市场运行秩序。职务侵占犯罪作为非国家工作人员职务犯罪的代表，应围绕“身份”“职务”等要素厘清其与“贪污”“盗窃”“侵占”“挪用资金”的认定差异。在“秩序”“廉洁”“效用”三重价值指引中，明确职务侵占风险预防和规制的现实意义。囿于职务侵占犯罪存在行业特殊性和证据的隐蔽性，企业合规体系不健全导致内部治理效果相对有限，因而须从内部治理和外部监管两个视角寻求职务侵占风险控制的合理路径。职务侵占风险预防的内部治理机制涵盖了举报、信息共享和责任承担三个方面。外部监管机制的优化则应推动构建职务侵占犯罪预防的数据系统网络，健全职务侵占风险预防的跨部门协作监管平台以及强化案件查办的工作联系网络。

一、问题的提出：政务诚信建设中职务侵占风险防范何以重要

2023 年 7 月，中共中央、国务院发布《关于促进民营经济发展壮大的意见》，民营经济作为我国市场经济的重要组成部分，在党的十八届三中全会确立了市场对资源配置起决定性作用的理念下，发挥了不可或缺的市场调节和竞争参与功能。2023 年 9 月 4 日，中央机构编制委员会办公室正式批复在国家发展改革委内部设立“民营经济发展局”，负责民营经济发展的统筹协调和制定发展政策等方面工作。在最高人民检察院发布的《2023—2027 年检察改革工作规划》中，提出了要健全服务保障经济高质量发展的工作机制，通过涉案企业的合规改革来保障民营经济的稳步发展。① 2023 年 7 月，根据最高人民检察院发布的《关于依法惩治和预防民营企业内部人员侵害民营企业合法权益犯罪、为民营经济发展营造良好法治环境的意见》（以下简称《最高检意见》）可知，检察机关在民营经济发展过程中的保驾护航功能得以强化，具体反映在对侵害企业利益的内部人员犯罪予以惩治和预防的侦查监督、协作配合以及信息共享等工作机制上。2023 年 9 月，最高人民法院印发了《关于优化法治环境促进民营经济发展壮大的指导意见》，通过 27 项内容集中反映了人民法院应履行审判执行的职能，全方位保障企业发展的法治环境，在刑事领域可涉及如下方面：严格区分经济纠纷与违法犯罪，严格落实罪刑法定、疑罪从无等刑法原则，严格规范适用强制措施程序以及全面贯彻宽严相济刑事政策等。作为企业内部治理的外部监督主体之一，检察机关在履行刑事检察职能过程中同样通过能动履职不断传递优化营商环境这一政策信号。

① 规划提出，要健全检察机关平等保护各类市场主体产权和合法权益的工作机制。参见最高人民检察院《2023—2027 年检察改革工作规划》的内容。

借助企业合规不起诉试点经验、发布指导性案例以及追赃挽损工作，提升企业作为市场竞争主体的刑事、行政乃至廉洁合规水平以及优化内部法人治理结构。2023 年 12 月《刑法修正案（十二）》的发布，亦是从企业自身经营利益维护的角度，将职务侵占、挪用资金以及行贿等“三类犯罪”行为纳入更为严格的治理范围，回应了民营经济主体法人内部治理结构变革的时代需求与法治保障。

作为典型的行政犯罪，相较于公职人员贪污犯罪而言，职务侵占犯罪既见证了市场经济的发展，又兼具鲜明的身份属性和时代特征。职务侵占犯罪不仅损害企业内部利益，更对社会主义市场经济秩序造成显见的负面冲击。这种冲击不仅体现为直接的经济损失，更在于其侵蚀了市场主体间赖以生存的信任基础，并且显著增加了市场竞争中的交易成本与监管负担。对比公职人员贪污受贿等职务犯罪，职务侵占在非国家工作人员职务犯罪中的比例相对较高，但长期以来并未受到相应的关注，尤其在经济行政的执法和犯罪侦查当中。全国统一大市场的建设是优化营商环境，推进法治政府建设的重要举措。企业的治理体系如何完善是建设全国统一大市场的重点所在，其在参与市场竞争中存在的诸多风险，均能对地方政府信用和政治生态产生影响。而恰是这种影响，表现在政务诚信建设上可直接形成对政府公信力的作用。因而，亲清政商关系形成需要依托科学有效的法人治理结构，通过降低职务犯罪风险来化解生存危机。在职务犯罪的国内研究当中，一直以来我国相对重视公职人员群体而相对较少关注非国家工作人员这一群体。职务侵占作为非国家工作人员职务犯罪的典型代表，其在经济发展过程中一直成为企业内部治理结构优化的重要突破口。为着眼于企业“家族式”腐败治理，内部风险合规与外部监督干预是消解职务侵占风险的两个重点。此作为本部分的主要研究对象，代表了传统公法学领域中对企业内部利益的基本判断，即现代法治国理论中的社会法治国理念。在“国家积极作为论”理论中，针对企业的保护是基于私益保护的属性。其中，“国家辅助性”理论认为公共福祉不局限于冷漠地维持公共秩序，而是为全民福祉突破了原有的社会治安和课税的义务范畴。社会法治国家在经济行政领域的积极作为，体现了国家辅助性理论对优化营商环境的贡献。

立足于政务诚信建设的时代发展脉络，在全国统一大市场建设的背景下，优化法治化营商环境的政策导向亦是构建经济发展新格局的时代需求，这对职务侵占风险的识别和预防形成了新的挑战。《中华人民共和国刑法修正案（十一）》将非国家工作人员的犯罪圈予以扩大，形成了职务侵占犯罪刑法控制与合规“出罪”之间规范与政策的冲突。本部分试图通过归纳职务侵占风险预防的价值导向，寻求降低企业内部治理成本的合理路径，以期为政务诚信建设形成更为开放和公平的市场竞争环境。同时，围绕检察机关保障民营企业持续运行发展的法律监督职能，借助合规体系的理论发展为职务侵占风险防范提供相应的学理建议。

二、政务诚信建设中职务侵占风险控制的价值导向与现实意义

职务侵占犯罪在我国不同的历史背景下呈现出不同的特点，从新中国成立以来，面向市场经济雏形的规制方式重点在于对职务或者业务行为的廉洁性判断。立足于我国政治伦理，中国共产党是无产阶级政党，在治国理政过程中特别强调针对经济参与主体的身份属性，而较少针对行为。例如，在新中国成立之初的“三反”“五反”时期，“地、富、反、坏、右”作为阶级斗争的革命对象，侧重以身份属性为基础的阶级成分标识。自改革开放以来，1997年《中华人民共和国刑法》的颁布让“投机倒把”等行为的涉罪性得以免除。当职务侵占犯罪剥离出贪污犯罪后，工作人员利用“职务”或者“业务”便利实施犯罪的身份属性发生了内在的转变。当该类群体以多种隐蔽的方式侵吞、窃取财物而导致企业利益严重受损，多表现为企业自身为具有决策和管理权限的主体。囿于利益相关性，企业负责人或者高

管串通中层干部或者业务员实施“监守自盗”行为的发生概率相对较低。化解职务侵占的风险，应把握全国统一大市场建设这一时代背景，围绕该类案件在新时代市场经济中的价值导向，明确其在优化法治化营商环境过程中的现实意义。

（一）价值导向

在检察机关办理的职务侵占犯罪案件中，此类案件共性特征主要体现为：一是行为人运用专业知识，利用相关业务程序、制度漏洞作案；二是虚增交易环节，以“低买高卖”赚取差价的方式侵占企业财产。伴随着科技进步，职务侵占的方式也逐渐发生转型，通过职务或者业务行为直接侵占财产的形式逐渐转为相对隐蔽的方法。例如，从实物到有价证券，从现金转移到股权转让乃至商业秘密的泄露等可涉及“想象竞合”的职务侵占行为场景。① 数据技术的不断革新，新兴权力在现代法治社会中的话语体系构建使得职务侵占行为从形式到内容均产生了实质化的改变。鉴于此，在全国统一大市场背景下推进企业合规改革，须明确预防职务侵占风险的制度价值，其应然涵盖如下三层内涵：

其一，经济行政规制的“秩序”价值。与“自由”价值相对应，“秩序”价值象征了多元市场竞争主体在社会主义市场经济体制中的“轨道”。在我国迈向市场经济时代之初，经济行政领域逐步由“以审批为主”转向“以备案为主，审批为辅”的市场规制路径。超越“秩序”轨道的民营企业生存环境虽得以改善，但其仍游走在“秩序”价值的边缘，而将经济自由中的“内耗”手段作为规避企业负责人监管或者小部分群体利益的牟利手段。偏离了“秩序”价值的市场竞争主体，尽管在短时间内可通过“权力寻租”等方式达到市场份额的占有率。而此种不正当竞争方式对“秩序”的冲击可

① 泄露公司商业秘密在我国刑法规制上可单独成立侵犯商业秘密罪。

能演变为市场竞争风险内控体系的失衡。例如，职务侵占行为作为典型的秩序违反表现形式，其不仅带给企业“内耗”和市场生存上的挑战，更在不知不觉中将企业利益通过违规让渡或者放弃来实现个人或者某个群体的特殊目的。①

其二，国家法治反腐中的“廉洁”价值。违反廉洁的行为纳入公权力评价体系中，应然呈现为政治学语境下的“腐败”现象。“廉洁”是企业合规的关键价值导向，企业负责人的决策行为廉洁性以及从业人员履职行为的廉洁性大小，关乎着职务侵占风险的高低。此类风险评估亦需考量以廉政建设为参照对象的政治生态。“廉洁”在民营经济中主要体现为业务行为规范的基本标准，其以“为民”“务实”“清廉”的政治导向为前提。“廉洁从业”有别于“廉洁从政”，前者强调市场经济秩序的固有运行特征与基本规律，要求市场主体公平参与竞争，避免竞业禁止、关联交易、内幕交易以及权力寻租等现象破坏有序的市场环境。而后者强调党员干部以及所有公职人员行使公权力必须恪守“明大德、守公德、严私德”的政治德性，集中体现国家和社会治理秩序、提升依法执政水平以及强化民众对政府的公信力。在道德义务层面，从政治德性理论的逻辑原点可知，对职务侵占犯罪的规制，廉洁价值导向同样指向了政治的道德诉求和道德的政治价值。②

其三，关乎民生之本的市场“效用”价值。与社会治理的“成本”相对应，“效用”体现了科学的法人治理结构对市场经济管理秩序的积极价值导引。在外部治理的制度框架层面，社会治理的成本控制主要体现为市场竞争主体内部风险的干预机制和外部监督的管理机制。以“柠檬市场”理论为分析工具，信息的不对称可导致职务犯罪风险上升，而且难以有效缓解“柠檬

① 此种情形可表现在以“表见代理”的方式借用企业名义让渡股权，或者通过秘密的商业内幕交易为竞争对手创造获利空间，而政府监管部门在这其中可发挥的作用亦不容小觑。

② 阮博：《政务诚信的理论确证》，载《内蒙古社会科学（汉文版）》2015 年第 1 期。

市场”的出现。“柠檬市场”源于车辆交易，在二手车市场中因交易主体、方式和内容等信息的不对称，交易对象参差不齐导致车辆交易缺失公开透明的环境。① 因此，若要从制度构建的层面降低企业社会治理的成本，就必须在税收等经济政策工具的现代社会治理场景中融入政府监管和社会参与的“成本-效用”评估体系。在经济行政领域，社会治理之目的并非单纯以追求治安为目的，而是基于法的实践将行政拘束限定在既有规范的范围之内。因此，有别于自由市场的政府规制惯性思维，社会主义市场经济对企业的监管和规制超越了维持治安和征税这两种基本形态。

基于现代的法治国家理念，上述价值超越了自由法治国家理念中警察权运行的固有场域，而更加强调行政对民营经济的引导和服务。同时，也反映了民营经济在发展过程中面临的个体生存与社会治理之间的矛盾。在区分企业法人利益与社会公共利益的立场上，前者推动导致制裁的程序取决于其利益被侵犯的私人当事人，而后者必须通过国家专门机关才能实现这种职能。例如，以刑法作为制裁手段的法律秩序，认为不法行为侵犯的私人利益属于法律共同体的利益，而非个人利益。

（二）现实意义

第一，有助于在政务诚信建设过程中优化法治化营商环境。在全国统一大市场建设过程中，降低社会治理成本需要借助企业科学有效的合规体系。企业腐败风险分布领域相对广泛，其在企业生产经营的全部环节中体现为腐败行为的多样化。职务侵占风险识别与预防的企业合规机制可通过前端的预防和后端的惩治来优化法治化营商环境。② 当后端惩治在刑法领域的规制效果呈现为犯罪圈的扩大态势，前端以“出罪”为目标的企业合规体系完善则更

① 王译、袁培入：《论守信激励生成理论观照及完善进路》，载《征信》2021 年第 4 期。

② 王燕玲：《民营企业腐败风险防范的“全生命周期”合规机制构建研究》，载《贵州大学学报（社会科学版）》2023 年第 3 期。

为关注企业在营商过程中与政府之间的关系。全国统一大市场的建设象征着破除地方保护主义固有顽疾的理念，意味着对地方政府过度干预民营经济发展的限制。其要求以平等的规制标准来保护整个民营经济，而非倾向于对部分企业采取不同“偏好”的规制策略。有学者将法治化营商环境的价值导向总结为“正当经营自由-机会平等-公平竞争”三阶序列，以期通过正当自由利益的平等保护明晰职务侵占行为背后多重法益构成的需求转变问题。因此，在统一大市场建设中通过不断优化法治化营商环境来发挥对经济发展新格局的实质性保障功能。①

第二，有助于市场竞争主体强化外部风险控制。在监察“全覆盖”背景下，企业腐败风险预防在某种程度上与当地的政治生态和政商关系密切相关。在既有的司法实践中，职务侵占行为大抵离不开对“贪污”罪名客观方面的仿效。而多人参与的职务侵占行为也存在着非国家工作人员与公职人员的共同犯罪情形。在此种情形下，姑且不论多头主体的立案管辖问题，首要面临的即为平等市场竞争主体的生存运行状况。尽管我国现代公司法人治理结构的规范已经初具雏形，且随着时代进步处在不断完善过程之中，但现有制度结构下的大多数企业在经营管理上倾向于“人合性”而非“资合性”特征。②“人合型”企业在外部风险防范层面更依赖个人素质修养，而在重大决策部署协调层面更显见地超越“资合型”市场主体。③ 若职务侵占等非国家工作人

① 窦璐：《全国统一大市场建设中的民营经济刑事司法平等保护：现状、机理与路径》，载《深圳大学学报（人文社会科学版）》2022年第4期。

② “双放过”模式是企业合规的初衷所在，意味着在以“人合”为基础形成的民营经济需要依赖企业负责人来保障企业的生产发展，而负责人的犯罪行为可直接对市场竞争主体带来毁灭性打击。参见龙宗智：《我们需要什么样的合规不起诉制度》，载《比较法研究》2023年第3期。

③ 借助“公有制”载体寻求政治保护并迅速发展壮大，主要表现为市场竞争主体在参与竞争过程中通过“戴红帽子”寻求身份认可以及获得市场资源配置上的政府关注，其是曲线生存的理性选择，其背后亦面临着政务诚信的考验。参见朱康对：《民营经济发展与政府创新——温州民营企业演化过程的实证考察》，载《中共杭州市委党校学报》2019年第1期。

员职务犯罪案件的裁量基准设定不科学，这可能导致企业外部风险防范的路径无从探寻。囿于地方执法和办案依据的标准存在“动态”或是“偏见”，这使得业务行为衔接政府行政管理时，其依据的效力亦相对不稳定。当业务人员、管理人员乃至中层以上干部对企业发展持消极心态时，这可蔓延为对企业发展的“观望”和对固有利益的“攫取”心态。因而，强调对职务侵占风险的防范和化解是从生存的角度提升外部风险的抵御能力。

第三，有助于市场竞争主体化解内部治理风险。企业内部风险控制主要通过岗位责任和业务风险反映，其涉及的重点岗位主要包括管理岗位中经手金额较大的经营类项目以及财务审计工作，业务岗位包括采购、招投标等方面。在风险内控的合规建设中，经营管理风险、财务风险和审计风险等均涉及对职务侵占行为的防范要求。尤其是在廉政建设中，参照“雁过拔毛”等“微小腐败”行为的监察规制方式，降低企业内部风险同样需要从内部规章的视角实现业务领域的廉洁合规“全覆盖”。当职务侵占行为从违规违纪上升为违法犯罪时，涉及违法犯罪的涉案人员在财产处置规则上应厘清单位责任与个人责任，避免个体实施的职务侵占行为对企业自身发展带来的负面影响。例如，以夫妻、父子、同胞兄弟姐妹关系而联结的企业内部组织结构，往往可能出现“家族式”腐败问题。对职务侵占风险的化解存在着内部监管不力与外部干预效果不佳的问题。基于血亲、姻亲关系的自然伦理，使得内部风险化解须依托刑事、民事、行政和党务等“四大”合规的体系完善。在廉洁合规或者反腐败合规的新型理念下，从企业高管的决策层面、企业中层干部的管理层面以及业务人员的执行层面，均应反映职务侵占风险规制的可行性与实效性。

三、政务诚信建设中职务侵占的风险识别与现实问题

从法益归属层面来看，职务侵占在刑法学范畴存在“单一法益”与“多

元法益”的争议。“单一法益论”表现为形式解释，即从客观、外在的“职务”行为或方式进行分类，形成了“主管、经手、管理说”“管理说”“持续说”等三种代表性观点。① 即便如此，针对职务侵占与贪污之间的细微差别，仍应从如下共性特征中予以梳理，主要涉及参与主体的复合性、行为手段的相似性以及实施效果的重叠性。

（一）涉职务侵占关联罪名的识别

1. 甄别“职务侵占”与“贪污”

将“职务侵占”与“贪污”进行关联，乃因其在实务中存在着理解上的偏差，例如行为人是否利用了企业的“职务”便利。随着统一大市场理念的逐步发展，在犯罪主体层面呈现的主体多重性愈加频繁。在经营效益较好的企业中，鉴于内部合规建设的有限性和阶段性，其参与市场竞争时多依赖与政府之间产生的良好互动。从新中国成立以来的“公私合营”到现代“PPP融资模式”形成，均体现了民营经济发展须以亲清政商关系为前提。由此，“职务侵占”和“贪污”犯罪的界限集中于行为人身份属性的判断。有学者认为，二者的身份属性在于利用的便利究竟为企业主管、经营和管理权限还是国家权力。即使行为人与单位之间签订的协议为“劳动合同”，但这并不影响职务侵占或者贪污犯罪的识别标准构建。此即意味着，签订书面劳动合同的人员不能作为识别贪污和职务侵占的依据，而应根据“职务”履行的实际情况进行类型化认定。② 贪污表现为“侵吞”“窃取”和“骗取”，而职务侵占行为主要体现在对“侵吞”这一行为场景的不同理解。从外观上判断，显

① 刘伟琦：《“利用职务上的便利”的司法误区与规范性解读——基于职务侵占罪双重法益的立场》，载《政治与法律》2015 年第 1 期。

② 刘艳红：《保护民营企业视角下职务侵占罪的司法适用研究》，载《现代法学》2023 年第 3 期。

然贪污罪的行为模式更为广泛。加之主体身份上的特殊要求，企业工作人员在借助公职人员的“职务”行为实施“侵吞”财物时，并不能视为自身的“职务”行为。

2. 甄别“职务侵占”与“盗窃”

在职务侵占的客观构成要件中，其与“窃取”“侵占”的关联在于实施效果上体现为对企业财物的排他性占有。职务侵占“入罪”的认定，则体现在对“占有”的理解上。关于刑法中“占有”的意思要素有别于民法通说，后者认为占有一般根据“所持”与“意思”加以判定。“所持”是指社会一般观念上某人对物事实上的支配。“为了自己的意思”实现的占有状态，实际上已经趋于形式化，即所谓“使事实上的利益归于自己所有”的意思，这种“意思”同样适用于占有代理人。① 因此，内部人员实施的间接占有，通常借助基层员工。该单独占有的行为定性为职务侵占而非盗窃，表明了作为下位者的基层员工并没有“占有”的意思而只是占有的机械辅助者，此时并不成立“共同占有”。但若辅助占有者是作为内部人员的中层干部且具有某种程度的财物资金支配权限时，“共同占有”的认定关键在于将“间接占有”变更为“直接占有”。由此，当“占有”的概念趋近于观念化，司法实践中不应仅凭事实问题来认定罪名，而应考量民法上“指挥命令”关系的影响。基于委托形成的间接占有仅存在于盗窃犯罪所涉刑法规范保护的“占有”概念范畴。

从法规范违反说角度来看，承继了规则功利主义的观点认为，人们应通过遵守法规范保护法益。从结果无价值论立场考量，行为功利主义的观点要求人们不实施侵害法益的行为，二者最终目的相同。法规范违反说只是间接

---

① ［日］佐伯仁志、道垣内弘人：《刑法与民法的对话》，于改之、张小宁译，北京大学出版社 2012 年版，第 186 页。

地保护法益，结果无价值论则是直接保护法益。① 刑法传统理论中关于结果无价值论的理论发展，并未偏离行为功利主义和规则功利主义的共同导向，因而在甄别“职务侵占”与“挪用资金”之间具备了合理性阐释的意义。基于“占有”和“使用”这两种不法状态，影响两罪认定的关键仍在于内部人员“身份”和“行为”双重要件的符合性。

（二）政务诚信建设中职务侵占风险防范的现实问题

当前，多元要素市场化配置改革虽已有成效，但仍未跟上经济发展新格局的总体要求。地方要素市场因过度分割而增高了地方保护主义的交易壁垒门槛，这主要表现跨地域跨市场准入封闭性。对全国统一大市场的建设而言，主要的阻碍因素涉及要素产权的确权不足以及政府监管的失序，这实质上妨碍了要素资源的跨域自由流动。② 由此可知，我国企业在参与地方市场或者区域市场竞争中面临着两大现实问题，即行业市场的上下游企业分布情况和参与市场竞争的信息是否对称。企业在自身的非系统性风险防范策略中，不论基于公益还是私益均有权利获得来自国家的信赖保障。基于成文法的安定性，信赖保护代表了遵循既有法律原则的利益应获得相应程度的维持。③ 在企业的职务侵占风险防范层面，基于全国统一大市场这一时代背景，涉及金融服务、电子产品、快消品以及轮胎制造等领域的企业，在职务侵占风险合规中对组织体系、管理机构和团队人员提出了不同的要求。而职务侵占犯罪的特殊性和隐蔽性、规制手段的单一性等特点，导致职务侵占风险识别和规制形成了“入罪”和“出罪”的冲突，这也是非国家工作人员职务犯罪预防的现实

---

① 张明楷：《行为无价值论与结果无价值论》，北京大学出版社 2012 年版，第 49 页。

② 王译：《全国统一大市场视域下要素市场化改革的现实问题与应对策略》，载《新疆社会科学》2022 年第 6 期。

③ 陈新民：《德国公法学基础理论（增订新版 · 下卷）》，法律出版社 2010 年版，第 159 页。

问题。

1. 职务侵占行为的行业特殊性和隐蔽性

“雁过拔毛”式的小微职务侵占行为难以及时收集和固定证据。例如，在集中采购过程中，部门内部采购人员违规占有和使用相应的办公用品，不仅难以及时发现，更无法做到及时取证的效果。在合规管理成为内部管理的前置性程序之前，该类现象因受害主体为单位而相对缺乏线索收集、举报和报案的动力来源。① 尤其针对临时一次性委托的业务行为，司法实践中将其作为职务侵占处理的并不罕见。囿于“职务”履行的持续性和稳定性的特点，“利用职务上的便利”之“职务”体现在管理职责履行过程中长期稳定的行为判断。因而，在部分需要借助电子数据技术实现的资金转让和财物管理，极易存在着电子数据等类型证据的取证和存证问题。在区块链技术尚未应用于电子数据取证存证全过程时，欠缺必要证据固定手段的资金流动往往因金额较低而不易被企业内部财务部门关注以及外部数据监管部门察觉，此亦是技术型职务侵占风险控制的难点之一。

2. 合规体系不健全和内部治理效果相对有限

“监守自盗”的情形多见于内部上下级之间串通且具备财物资金管理权限的情形。以德国刑法理论为参照，基于职务指示的行为可作为合法化事由或免责事由。内部员工对于上级的服从义务应以具有约束力的指示为前提。在获得有约束力的指示行为后，下属即使知晓被赋予的任务内容违反法律，可因服从义务而具有免责可能。② 在现代企业管理过程中，内部人员根据职务指

① 陈瑞华：《律师如何开展合规业务（一）——合规计划的打造》，载《中国律师》2020 年第 8 期。

② ［德］汉斯·海因里希·耶赛克、［德］托马斯·魏根特：《德国刑法教科书（上）》，徐久生译，中国法制出版社 2017 年版，第 663 页。

示而为之行为在超出免责范围时，还可作为一种特殊的减轻责任事由对待，这使得企业针对内部治理的规制手段难以实现。归根结底，是合规体系的不健全。在预防职务侵占的合规监管模式选择上，当前存在着检察机关主导监管、独立监控人监管和行政部门监管等三种模式。但不论何种模式，即使具有一定合理性仍存在着内部风险控制的制度适用局限性。[①]

3. 预防与惩治效果难以达到统一

内部人员的职务侵占违法犯罪可因涉案人员的身份特殊而导致合规的意愿并不强烈。在以检察机关为主导的专项合规指引中，企业自身意愿之外，还存在着四个方面的要求：第一，是否存在合格的职务侵占风险防范的合规计划或者合规承诺；第二，是否签订了合规监管协议和确立合规考察期；第三，是否委托第三方监管主体（独立监管人）持续跟踪内部职务侵占风险合规的全过程；第四，是否在合规考察期结束前接受独立监管人的合规评估报告。基于上述要求，以检察机关为主导的合规治理在专项合规的技术指引上，往往呈现出专业要求与合规意愿之间的冲突，这更易体现在“行贿受贿一起抓”与企业合规不起诉制度的“出罪”目的不相符合。笼统模糊的“有效合规计划”尚不足以防范内外勾结的职务侵占共同犯罪，遑论“堵塞制度漏洞”“消除制度隐患”此类表述难以成为企业廉洁经营规则的效力性条款。

四、政务诚信建设中职务侵占犯罪风险预防的基本路径

在社会法治的国家秩序层面，职务侵占风险的预防和规制反映了政府的积极作为义务。基于国家干预理论，必要的行政监管乃是优化民营经济运行

① 陈瑞华：《企业合规基本理论（第二版）》，法律出版社2021年版，第372页。

生态，改善法治化营商环境的重要抓手。推动信用法治政府建设，也应同步关注政务诚信与社会诚信双重价值。① 职务侵占行为的风险对生存状态、社会信用评价以及法治化营商环境等方面带来的不可逆转的损害。职务侵占风险防范机制的构建也并非单纯由检察机关、行政机关或者其他社会组织一家主导，以“毕其功于一役”的理念主导合规建设有违多元主体共同参与的社会治理路径。未来可围绕政务诚信与社会诚信的信用法治建设方向，从合规体系构建、内部风险控制与外部监督机制等三方面来探索职务侵占风险规制的可行路径。

（一）完善职务侵占风险预防的内部合规体系

在典型案例的经验启示中，犯罪主体与合规考察对象错位可直接导致缺失单位犯罪条款的案件并不具有实施合规考察的空间。② 基于这一前提，职务侵占行为的“个人”特征使得单位合规考察需要满足相应的审查条件，因而缺失了单位意志的个人犯罪若纳入合规考察应充分兼顾其个人身份、职务侵占行为与企业管理责任之间的关联性。有学者认为，当前如火如荼的企业刑事合规研究过度聚焦了合规的预防功能，加之对企业合规经营的政策追求，导致我国刑事合规的不起诉功能反映出“合规化”导向，因而伴生了罪责失衡、刑事纠纷难以实质性化解以及“合规依赖”等问题。③ 职务侵占作为非国家工作人员职务犯罪的重要类型之一，立足于内部规章的合规体系构建是破除“家族式”企业内部腐败的重要路径，亦是降低企业治理成本的关键所在。避免过度依赖公法规制手段，乃因优化内部治理结构是保障企业生存发

---

① 王译、王煜东：《全国统一大市场视域下要素市场政府监管改革的路径探索》，载《河北法学》2023 年第 3 期。

② 李本灿：《涉案企业合规典型案例中的法理：经验总结与问题反思》，载《现代法学》2023 年第 2 期。

③ 杨林：《超越“合规”：合规不起诉制度功能的多元定位》，载《环球法律评论》2023 年第 2 期。

展需求的制度前提。在学理上，专项合规与全面合规的理论争议涉及“出罪”考察的具体方式选择。基于监察办案“行贿受贿一起查”的实践思路，涉案企业合规在“出罪”路径选择上须同时遵从司法的办案逻辑和市场经济的运行规律。在此逻辑基础上，企业合规体系的构建须重点关注廉洁、反腐败合规等新形态对传统刑事合规体系的补充意义。

（二）优化职务侵占风险预防的内部治理机制

企业的合规过程同时亦属内部管理标准的构建和完善过程。对职务侵占风险的识别和预防，在企业内部行为规制的标准设定上应允许必要的裁量空间。为避免偏见式的选择性规制，裁量标准的构建必须以公开为前提。裁量权伴随规则制定权而诞生，当一项非正式决定转变为有序的规则时，应立足裁量基准的构建过程明确公开先例、事实认定方式和理由以及合理运用听证程序的各项要求。[①] 职务侵占风险预防内部制度设计，应然涵盖了如下三项机制：

第一，举报机制。涉职务侵占的违规违法信息举报需要广泛的信息来源渠道，而不特定主体的信息提供应附随于有效的举报激励机制。不论内外部信息渠道，信息来源的主体范围应恪守必要的广泛性，这使得针对内部违规行为的举报受理成为获得激励可行的路径。在举报激励的程序设置中，内部违纪违规的处置方案中应关注对误报、瞒报和漏报的不同认定，审慎甄别“举报”和“诬告陷害”。在举报内容层面，可参考公职人员信访工作，明确匿名或者实名举报受理。在举报机制的侦查监督层面，检察机关可会同公安机关细化职务侵占立案监督与线索收集、认定和处置的标准设定，健全涉职

---

① ［美］肯尼斯·卡尔普·戴维斯：《裁量正义》，毕洪海译，商务印书馆2009年版，第109-110页。

务侵占犯罪的立案审查机制，防止应当立案而不立案的情形发生。① 当出现报案、控告、举报或者在工作中发现职务侵占的立案监督线索时，检察机关通过企业内部信息来源及时履行调查核实职能。同时，充分发挥检察建议在督促立案、纠正违法的显性功能，不断改善社会治理的潜在功能。

第二，信息共享机制。涉企职务侵占的违法犯罪信息往往不局限于企业内部，而形成消息来源的途径还可通过外部关联主体的信息转换。在职务侵占案件中，检察机关可通过人工智能技术辅助立案监督，联动城市综合管理、市场监管、税务等相关执法部门实现案件信息结构化数据端口的开放共享。针对新型重大、疑难、复杂的职务侵占案件介入侦查，会商研判执法证据转换为侦查证据的有效性。以职务侵占犯罪的先期违法证据为基础，其证据资格的审查认定标准是信息共享的关键。例如，上下游市场竞争主体之间的销售部门、财务部门、审计部门以及具有经手大额资金的决策管理部门在实施职务侵占行为时偏重于团伙作案以实现信息串联。在“法不责众”的心态支配下，职务侵占趋向于集团化和隐蔽化，涉及上下级企业之间的资金流动、财务审计报告等信息往往存在“黑白”账本的情形。此时，应建立职务侵占的漏犯和团伙犯罪的分区分级精准化信息审查机制，把握关联案件之间的共同要素。通过及时纠正遗漏、起诉同案犯、实现全链条摧毁职务侵占犯罪网络的效果，此类办案模式尤其回应了家族式关联企业职务侵占现象的“潜规则”。②

第三，责任承担机制。独立担责和连带追责是责任承担机制的两种类型，后者主要针对涉企犯罪的重要岗位。前者易于理解，即强调利用身份属性的“业务”行为并非代表意志从而免除连带追责。后者在当前立法中虽未予以规

---

① 原军：《农村金融机构职务犯罪侦办难点及对策研究》，载《辽宁警察学院学报》2020年第6期。

② 操宏均：《民营企业家腐败犯罪刑事治理困境与出路》，载《河南警察学院学报》2016年第4期。

定，但从学理上有必要明确涉职务侵占行为的内部连带责任。从企业廉洁合规的角度来看，连带追责应立足于内部治理规章的构建层面来考量降低职务侵占风险的可能性。在相对复杂的大型或者跨国企业当中，内部治理更应关注合规计划中的连带追责的范围边界与责任实现方式。① 有学者提出，涉企职务犯罪的归责机制应恪守必要的“合规调适”原则，须考量设立单位合规特别诉讼程序的必要性。在企业承担连带责任的“出罪”方式上，应发挥第三方数字化监督的数字技术评估优势，明确考察期区间范围以及中止、延长等特殊情形的适用边界。② 此可谓将企业职务侵占犯罪的单位责任与个体责任予以妥善界分。

此外，企业存在上下级组织规模时，上级公司对下级公司的派驻监督亦是内部风险防范的渠道。内部人员职务侵占现象可归因于管理结构的漏洞，对此廉洁经营的总体要求强调企业上下级之间应明确内部职责承担的具体配置界限。在人财物管理、基础设施建设、采购和招投标以及销售等重点领域，应强化定期或者不定期的财务审核、检查以及审计工作。

（三）改进职务侵占风险预防的外部监管机制

作为化解职务侵占风险的外部监督渠道，检察机关在内部治理的风险控制中不仅可通过办案介入治理全过程，还可灵活运用纠正违法型与社会治理型检察建议。在功能实现层面，检察建议可推动查漏补缺、建章立制，强化内部管理过程中的党务、行政合规，对细化廉洁经营，助力形成风险要素分

① 对照《中华人民共和国民法典》的规定可知，实践中存在着“真正”连带与“不真正”连带责任的差异。其区分标准在于连带责任的承担主体是否对主责承担呈现为明知的主观状态。参见谷昔伟：《论侵权行为不真正连带责任之适用类型及诉讼程序——基于281份涉及不真正连带裁判文书的类型化分析》，载《法律适用（司法案例）》2018年第10期。

② 高景峰：《涉案企业合规改革的立法完善与监督评估实践创新》，载《政法论坛》2023年第1期。

级体系具有显见的积极意义。① 未来职务侵占风险预防的外部监督机制的优化还可以从以下三个方面来考量：

第一，推动构建职务侵占犯罪预防的数据系统网络。职务侵占犯罪的风险预防不仅是企业合规体系科学性与有效性的反映，更是国家权力参与社会治理过程中的系统性体现。我国企业内部自治并不与外部监督相冲突，从日本行政法学中的“自治行政”可知，其内涵的核心要素在于如何理解和界定处理民事法人团体内部的“行政事务”。当国家税收征缴、治安维持以及社会监管等相应事务权限并未委派于某一民事法人团体时，该类事项便超出了“自治事务”范畴而应由国家公权力介入。在职务侵占案件办理的司法实践中，此类案件一般多见于金融、城投、医药和交通等领域。在政府机关、国有或者民营企业存在利益交织的前提下，职务侵占犯罪反映在多类别的主体共同参与、案件办理上的关联以及处置方式上的程序分流和衔接。在数据技术的加持下，以会计手法作为侵占型职务犯罪的重要掩护伞时，执法主体应基于外部监督视角及时探知会计信息的异常表现，书面告知职务侵占风险的可能来源和成因，还可通过数据波动实现实时的平台监督和多元联动的风险预警效果。②

第二，健全职务侵占风险预防的跨部门协作监管网络。自国家监察体制改革以来，职务犯罪的“监察全覆盖”代表了法治反腐“集中、统一和高效”的特质。在非国家工作人员职务犯罪的案件办理过程中，涉公职人员的职务犯罪在案件线索上往往存在着牵连性。由此可知，公安、检察、食品药品监管、市场监管以及税务等主体均应纳入适格的外部监督主体范围。在跨部门协作执法或者办案过程中，具有牵连性的线索实然地形成了“案件分

---

① 参见最高人民检察院发布的《人民检察院检察建议工作规定》第 6 条、第 14 条内容。

② 张蕊、管考磊：《企业高管侵占型职务犯罪对企业价值的影响研究》，载《当代财经》2015 年第 10 期。

流”。又由《中华人民共和国监察法》第4条可知，监察机关办理职务案件时应与执法机关、检察机关和审判机关互相配合、互相制约。若存在其他类型的案件线索，应坚持以监察机关为主导，在立案管辖上区分“并案”和“分案”管辖的具体适用情形。内部人员的职务侵占犯罪与贪污贿赂等职务犯罪存在“互涉”时，“监察主导”的原则并非意味着面向职务犯罪的立案侦查权限受到挤压。尊重“分案”调查/侦查并行的办案逻辑，既坚持了以监察机关为主导，同时又充分调动了执法、侦查、检察等多部门协同参与职务侵占案件办理的积极性。[①] 而在规则的落实层面，未来立法可关注执法证据作为监察证据、刑事证据的转换界限，又可探索执法、刑事侦查和监察调查在职务侵占和贪污贿赂上的具体分工标准。

第三，强化职务侵占犯罪案件查办的工作联系网络。企业内部人员职务侵占犯罪预防的工作联系网络有别于上述以政府组成部门和执法机关以及监察机关为主体的外部监督网络。发挥上下游合作企业、同向竞争企业以及行业协会的外部监督优势，在以竞业禁止为基础的市场公平竞争环境中，通过管理上的资金往来、业务上的协作共享等方式，强化对企业人员流动管理过程中的职务行为监督实效。重视生产制造、运输和销售等阶段不同岗位责任主体的主要监督与连带监督的责任分配，强调企业内控机制与工作联系网络的外部监督关联性。以虚开发票与职务侵占的想象竞合犯罪为例，以空白发票填写金额为手段，据此获取返点的行为应纳入虚开发票罪的规制范围。但是，真实的空白发票上产生的真实业务予以“虚开”且明知使用该发票用于职务侵占等犯罪行为，则应在行为人共谋实施的虚开发票、非法出售发票以及出售非法制造发票行为之间，同职务侵占行为成立想象竞合。[②] 强化工作联

① 张泽涛：《规范“互涉”案件中监察机关与刑事司法机关管辖制度》，载《当代法学》2022年第5期。

② 赵拥军、孙万怀：《虚开发票罪的行为方式与对象相关问题探究》，载《河南师范大学学报（哲学社会科学版）》2021年第4期。

系网络，应发挥上述多元主体参与办案的工作联系优势。基于工作联系的监督实效，优化涉案企业外部线索获取的激励机制，尽早通过多头联动和线索挖掘将内部工作人员的职务犯罪风险引发的实际损失降到最低限度。

本章小结：推进政务诚信建设须化解市场竞争主体内部治理风险

在维护统一大市场健康秩序中，政务诚信成为不可或缺的治理基石。以全国统一大市场建设为背景，推动政务诚信建设对职务侵占犯罪具有关键性制衡作用。政府自身的守信践诺、公正执法，能够为市场树立权威的行为标杆与稳定的规则预期，还可以有效压缩企业通过内部职务侵占等违法手段寻求“灰色利益”的空间。为提升监管公信力与执法效能，多元市场竞争主体在政务诚信建设中通过多种方式形成预防和遏制此类犯罪的外部保障。在政务诚信建设中，市场竞争主体内部治理的完善与犯罪风险的有效防控，既是对社会信用体系的有力支撑，又共同作用于优化全国统一大市场法治化营商环境与提升多元市场竞争主体的内部治理效能。内部治理效能在非系统性风险的化解层面，可以通过职务侵占犯罪风险防控实现，而政府外部环境建设亦体现为政务诚信的制度安排。

继2023年7月的《最高检意见》之后，2023年10月最高人民检察院发布《关于全面履行检察职能推动民营经济发展壮大的意见》，即民营经济发展过程中不仅应强调通过严格履职“依法惩治和预防民营企业合法权益犯罪”，而且还体现了国家推动民营经济发展壮大的坚定决心。从政治站位、法治保障、工作方式、实施效果到组织领导等方面与2023年9月最高人民法院发布的《关于优化法治环境促进民营经济发展壮大的指导意见》形成了前后呼应，反映了刑事司法机关在推动民营经济发展壮大过程中“宽严相济”“少捕慎诉慎押”以及“刑罚轻缓化”的一致工作指向。又根据2023年12月发布的《中华人民共和国刑法修正案（十二）》内容可知，民营经济的恢复与发展需要从企业法人治理结构的优化视角，不断加大惩治企业内部人员职务侵占、挪用资金、受贿等“三类犯罪”的力度。正因职务侵占犯罪指向了非法牟利、徇私舞弊、低价折股、出售资产等行为，经营主体权益是否得到有效保障关乎着民营经济自身组织架构的稳定性和平衡性。依托全国统一大市场建设的时代背景，强化职务侵占的风险防范和司法惩治，这已经成为社会各界的共识，也是我国新时期的一项重要的法律政策。

在国家重视保护民营经济发展的政策导向中，破除地方保护主义亦应遵循市场公平竞争的竞业禁止和廉洁从业原则，内部人员的职务侵占行为实际上破坏了廉洁经营的市场经济运行秩序。内部治理结构的优化完善仍需依托科学有效的企业合规制度，在刑事、行政以及反腐败合规层面，应着力于实现职务侵占风险预防的内部管理机制创新。从廉洁合规层面考量内部治理的发展方向，多元市场竞争主体还需立足于企业负责人及高管、中层干部以及一线员工等群体的岗位特点与风险差异，关注廉洁经营的内在动力和廉洁文化的氛围形成，明确关键岗位的廉洁责任等级划分标准与风险防控方式。伴随着全国统一大市场建设的逐步发展，职务侵占犯罪风险的预防和惩治将围绕“全国一张清单”的法治监管标准实现行业内部的协调统一。

第八章

全国统一大市场背景下完善公共信用信息异议机制的法治路径

推进政务诚信建设，其核心在于依托公共信息资源的基础性建设，切实保障行政相对人的合法权益。这一过程要求政府信息透明、共享、准确，为市场主体提供稳定预期。其中，健全高效的公共信用信息异议机制尤为关键。这不仅是纠正信息偏差、维护个体信用权益的直接通道，更是对政务诚信最有力的监督与检验。公共信用信息异议机制的有效运转，能够倒逼政务信息在被采集、归集、应用的过程中不断提升规范性与公信力。在制度层面，筑牢政务诚信的根基，能够确保公共权力在阳光下运行，权益在规则中得到保障，最终服务于法治化营商环境的优化升级。完善公共信用信息异议机制，其目的在于保障公共信用信息的收集、处理和使用能够在法治轨道上科学运行，从而实现社会信用体系良性发展。《信用体系建设法（征求意见稿）》将我国社会信用体系建设推向了新的阶段。在统一立法的内容指导下，从立法现状与存在问题角度出发，结合部分地方信用立法，笔者对影响我国公共信用信息异议机制运行的因素进行梳理分析。首先，建议进一步推进信用信息基础性法律的制定，厘清公共信用信息的使用边界，减轻异议机制的运行负担。其次，要科学界定异议权范围、明确信息主体的异议救济渠道。在异议处理程序的规定上，应当进一步细化异议期限规定，并在异议程序中重视信息主体的意见，保障其必要的参与，以此彰显社会信用体系程序治理的价值。

一、公共信用信息异议机制的时代意义

习近平总书记在党的二十大报告中明确指出，要弘扬诚信文化，健全诚信建设长效机制。社会信用体系对诚信长效建设具有重要意义，法治为社会信用体系提供了基础性的规制与保障。公共信用信息虽然能够填补信用交易主体间、行政机关与行政相对人之间的信息不对称问题，但信息收集过程中存在着高度专业性与复杂性，收集机关与信息主体的地位也事实上存在不平等。信息主体在面对信用评价错误时难以通过技术本身来保证其信息之客观正确。由此，可以从公共信用信息使用的结果对其准确性进行控制，也就是通过提出异议的方式。随着行政主体利用信息主体的公共信用信息进行社会治理的实践做法日益兴起，公共信用信息作为行政信用评价的基本事实基础，直接影响着信息主体的利益增损，如果能够通过异议机制将公共信用信息妥当进行更正、删除，那么信息主体接下来的社会经济活动就不会受到一系列信用制裁的影响。因此，社会信用体系的覆盖面越广，就越需要行之有效的异议机制来保障信息主体的相关权益，其在实际运行中承担着化解矛盾、补正错误等重要功能和职责。

（一）从分散到统一：社会信用立法是异议机制的法治保障

社会信用体系建设存在着法律制度不健全和区域发展不平衡不充分等问题。从地方社会信用立法对“社会信用”这一范畴的界定来看，“社会信用”是同“遵守法定义务”绑定在一起的，因此，实践中对法律的遵从与否也成为“社会信用”的内容，对法律的违反便构成“失信”。[①] 从各省市已出台的

① 孟融：《国家治理体系下社会信用体系建设的内在逻辑基调》，载《法制与社会发展》2020 年第 4 期。

相关立法来看，公共信用信息归集、管理、使用范围等规定存在较大的差异性，进而出现了“失信惩戒泛化”等导致主体的实体与程序权益欠缺必要保护的现象，影响了社会信用体系建设的高质量发展，不利于建设全国统一的信用体系。

我国社会信用体系建设现状是地方政府和行业协同先行，数据内容、数据标准等差异，造成了跨部门、跨区域信息共享、信息整合的壁垒，使得信用主体的信用评价内容被局限于特定的范围，给全国范围内开展信用修复和“一处失信，处处受限”带来了困难。① 作为第一部具有普遍性意义的社会信用法律规范，《信用体系建设法（征求意见稿）》参考、吸收了大量《社会信用体系建设规划纲要（2014—2020 年）》和各地信用立法的结构和内容，这标志着社会信用体系的法治保障进入了新阶段，也为公共信用信息异议机制运行提供了法治保障与规范指导。

《信用体系建设法（征求意见稿）》将我国社会信用体系建设推向了新的起点，标志着国务院《社会信用体系建设规划纲要（2014—2020 年）》所要求的“逐步建立健全信用法律法规体系和信用标准体系，加强信用信息管理，规范信用服务体系发展，维护信用信息安全和信息主体权益”已经拥有了基本的法治框架，接下来可通过《信用体系建设法（征求意见稿）》对信用法治体系中的具体操作性规范进行完善，进一步深化信用法治理论体系的建设。

（二）实体保障：异议机制保障社会信用体系的客观真实

公共信用信息的广泛覆盖与应用是社会信用体系运行的基本特征之一。在我国，社会信用体系建设集中体现为社会信用治理，即国家利用现代数字技术收集社会成员的信用数据，并以评分的方式实现对社会成员的有效

① 袁培入：《社会信用体系如何应对算法歧视》，载《市场监督管理》2021 年第 4 期。

约束。[①] 公共信用信息作为行政信用评价的基础，同样也是公共信用信息异议机制发挥作用的事实前提，从程序工具主义的角度出发，异议机制就是为了保障公共信用信息能够准确运用于行政信用评价而存在的。

我国公共信用信息的概念滥觞于公共征信模式发展与“数字政府”理念。有学者将社会信用信息大致分为公共信用信息与市场信用信息两个领域，其将公共信用信息定义为反映自然人、法人和非法人组织信用状况的信息，具有特定的指向，目的在于提高政府公共管理与公共服务的效能，提升社会诚信水平。[②] 在《信用体系建设法（征求意见稿）》出台前，各地区地方性立法对信用信息的规定具有两种模式：第一种是社会信用信息模式，如《湖北省信用信息条例》规定，所谓社会信用信息，是指可用于识别自然人、法人和其他组织信用状况的数据和资料。第二种是公共信用信息模式，如《陕西省公共信用信息条例》规定，所谓公共信用信息，就是行政机关、司法机关以及行使管理公共事务职能的组织在履行职责过程中形成的反映企业和个人信用状况的数据和资料。

《信用体系建设法（征求意见稿）》没有继续使用“社会信用信息”的概念，在第 65 条规定，本法所称公共信用信息，是指国家机关以及法律、法规授权的具有管理公共事务职能的组织在履行法定职责、提供公共服务过程中产生和获取的信用信息。《信用体系建设法（征求意见稿）》第 95 条规定了信用信息主体可以向信用信息处理者提出异议的三种事实前提：第一，信用信息的收集、加工、提供和保存存在错误、遗漏等情况的；第二，侵犯信用信息主体的商业秘密的；第三，侵犯信用信息主体个人隐私和其他个人合法权益的。这代表了《信用体系建设法（征求意见稿）》对可提出异议的情

---

① 刘晗、叶开儒：《平台视角中的社会信用治理及其法律规制》，载《法学论坛》2020 年第 2 期。

② 罗培新：《社会信用法：原理 · 规则 · 案例》，北京大学出版社 2017 年版，第 63 页。

形进行了精细化规定。

（三）程序治理：异议机制凸显社会信用体系中的程序正义

我国社会信用体系建设面临的挑战之一就是信用信息主体权益保护机制缺失。[①]《国务院指导意见》明确提出要建立健全信息主体权益保护机制，防止因为信息客观性、正确性欠缺而影响信息主体正常的信用状况。有关部门和单位应当建立健全异议申诉等机制，消除因错误信息带来的影响。因此，在信用信息出现遗漏、错误等影响信息主体权益的情形时，有必要赋予信息主体向信用信息管理机构提出异议的权利。

作为一种程序，异议机制有其独立的存在价值，这种独立价值主要表现在两个方面，第一是使那些受公共信用信息使用直接影响的人与代表国家行使行政权的主体拥有平等的主体地位，能够平等地进行辩论、说服和交涉，并对异议结果发挥积极的作用；第二是能够拥有一种吸纳不满的效果，它有助于信息主体接受和尊重异议结果，尤其是对那些受到异议结果不利对待的人，程序能够减少不满和抵触情绪。

具体而言，信息主体的权利义务因为决定而受影响时，在决定之前必须给予他知情和申辩的机会和权利，而对决定者而言，就是履行告知和听证的义务。异议机制除了纠正错误以外，还承担着化解矛盾与修复社会信用体系的使命。程序正义是一种体现在法律决定过程中的法律价值。凡是要作出一项可能对人的利益产生影响的法律决定，都会面临如何维护程序公正的问题。与政府相比，异议主体的弱势地位是不言自明的。作为一种重要的法律价值，程序正义是评价公共信用信息异议机制是否公正的标准。从折中的角度而言，承认异议机制要兼顾程序公正，保障异议主体权利，也要有助于厘清事实，实现有错必纠。

---

① 韩家平：《关于加快社会信用立法的思考与建议》，载《征信》2019年第5期。

二、公共信用信息异议机制的功能与构造

公共信用信息异议机制是信息主体、信息管理主体之间不同行为所产生的相互作用与行为的结果。换言之，信息主体、信息管理主体之间的关系会随着异议权的权能内容、异议处理程序等制度效果的变化而变化。异议机制应当具体包括哪些内容？这个问题很难进行精准地归纳列举回答。欲准确地理解异议机制的内涵，需要把握以下两个方面，即公共信用信息异议机制的功能与基本构造。

（一）公共信用信息异议机制的功能

一般而言，信用信息异议的后果就是删除错误信息与撤销因错误信息产生的不利后果。公共信用信息的大量使用虽然能够解决信用交易主体间、行政机关与行政相对人之间的信息不对称问题，但信息收集过程中存在着高度专业性与复杂性，收集机关与信息主体的地位也事实上不平等。信息主体在面对信用评价错误时难以通过技术本身来保证其信息之客观正确。信息源自信息主体，基于信息内容的评价结果作用于信息主体，而负面评价（如失信联合惩戒措施）更是直接减损信息主体的权益，由此，一个科学合理的异议机制对信息主体和管理主体之间的良好关系至关重要，异议机制不仅需要在形式上保障信息主体提出异议的权利，还要以实质的控制力（明确的控制范围）和看得见的方式（行之有效的程序）来维护权益。

异议机制还可以通过程序来化解纠纷、吸纳不满。简单而言，在出现公共信用信息遗漏、错误之情形时，信息主体与管理主体已陷入冲突矛盾之状态，作为博弈规则的异议机制不仅要制约行政权力，亦需避免异议权利之滥用，即确定异议结束的标准与救济方式，避免信息主体陷入无休止的“缠讼”状态，以此兼顾公正与效率的要求。这具体表现为信息主体需要遵从法律规

定的方式、程序达成自己的异议要求，而信息管理主体需按照法律规定担当受理主体，在规定的时间内处理异议并履行调查、告知义务，最终对目标信用信息进行妥善处理。

《信用体系建设法（征求意见稿）》所规定的公共信用信息是指国家机关以及法律、法规授权的具有管理公共事务职能的组织在履行法定职责、提供公共服务过程中产生和获取的信用信息。此种定义揭示了公共信用信息带有强烈的行政色彩。公共信用信息的目的在于提高行政机关的社会治理效能，增强其信用监管的精准度。因此，许多地方政府要求行政机关在依法履行公共管理与公共服务职责时，应当将公共信用信息作为行政行为判断标准之一。公共征信体系主要表现在政府职能部门、地方政府的相关信用信息归集活动上，即在本部门内建立信用信息数据库，并通过信用信息共享来破除因信息空白带来的难题。针对长期以来企业和个人失信成本低、守信成本高的问题，为提高监管的有效性和化解经济与社会管控中的诸多难题，将行政机关、司法机关或者具有公共事务管理职能的单位所掌握的有关信息主体的识别信息、行政处罚结果信息和执行信息等，依照一定的汇编和处理方式制作为公共信用信息类型，随后报送至公共信用信息平台上。公共信用信息流向联合奖惩、日常公务活动等方面，作为后续行政行为和信用行政评价的重要参考，而所谓信用行政评价，就是指行政主体基于归集而来的信用信息，根据一定的评价标准和程序，对相对人的信用状况进行评价的行政活动。

异议权是信息主体对自身信息进行控制的重要权利之一。虽然行政机关或公共信用机构有可能自行改正这些错误，但由于关乎其切身利益，信息主体最有动力去监督、发现、并要求纠正这些错误。① 不论当事人的异议是否准确，公共信用信息主管部门应当予以认真审查、核实，并将情况及时通知当事人。在这里需要强调的是，信息主体一般在社会信用体系中处于弱势地位，

---

① 沈毅龙：《论失信的行政联合惩戒及其法律控制》，载《法学家》2019 年第 4 期。

极易受到公共信用信息平台和信用信息使用者的侵害。各国法律将其规定为强制性条款，不允许当事人与平台进行私下约定。如《德国联邦个人资料保护法》第 6 条第 1 款规定：当事人之查询权、要求更正、删除及冻结之权利，不得以法律行为加以排除或者限制。根据《中华人民共和国民法典》第 1029 条的具体内容可知，信息主体在依法查询与自己关联密切的信用评价后，如果认为信用评价不当，主体有权向具有管理权限的主体提出异议，并要求其采取更正、删除等相关措施。同时，《中华人民共和国民法典》第 1037 条规定了个人信息的查阅权，同时也规定了主体有权提出异议和请求及时更正、删除。信用评价人应当及时核查，经核查属实的，应当及时采取必要措施。

（二）公共信用信息异议机制的构造

公共信用信息异议机制的主要构造包括异议权利规定与法律程序保障，欲实现信息主体权益保护、规范信息主体异议行为，则法律程序必不可少，且在此体现为异议处理程序。所谓异议处理程序，即指信息主体向管理机关提起异议后，管理机构应当遵从的受理主体担当、调查核实、通知、期限等一系列行为范式，且这些规定也能约束信息主体。

异议处理程序是信息主体异议权利之具体保障，如果没有一套明确的程序，那么信息主体的权利保障就无从谈起。在具体的异议处理程序上，一般由立法所确定的公共信用信息管理部门，如省信用中心负责受理异议申请，核查异议信息处理情况，向信息来源部门核查异议信息，提供异议标注服务等，或者转交信息来源部门负责核查异议信息的真实性、准确性等。异议处理程序的大致流程是，异议受理部门（如公共信用信息平台）将异议材料与原信息进行对比，同时应当进行异议标注。如存在不一致的，予以更正，并通知异议主体，如无法在本单位进行核查，则转交提供单位进行核查，提供单位回复核查结果，主管部门告知异议主体核查结果，异议主体对处理结果不服的，可以提起行政复议或者向人民法院提起行政诉讼。总而言之，异议权的保障程序大致就是以立法形式确定异议受理与转交、处理时效以及救济等程序问题。

异议处理程序作为一种行为模式是被反复适用的，其构成了博弈机制中主体行动策略考量的重要组成部分。异议处理程序的作用在于约束信息主体和信息管理机关的行为。就信息主体而言，其必须遵从法定的异议提起方式、等待调查结果期限经过，而不能按照自己的意愿随意选择受理主体等。对信用信息管理机构而言，法律程序是其异议处理行为的明确法律依据，当管理主体违反这种行为模式时，就会产生对应的行为后果与法律责任。因此，信息主体与信用信息管理机构都不能违反法定程序，其是与实体法具有同等约束力的行为模式。

三、公共信用信息异议机制的运行现状与问题

各地对异议权与异议处理程序的规定详略不一，从时间上来看，广东省作为最先规定企业信息异议权的省份，在立法语言表述上较为简略和模糊，仅仅规定了公民、法人和其他组织认为企业信用信息有错误的，可以提出异议申请。该条例将异议权的行使前提仅仅限缩在了“错误”上，对于超期公示、信息遗漏等情形没有进行完整列举，这也从侧面体现出早期社会信用立法体系不发达的状况。这一点在 2021 年 6 月生效的《广东省社会信用条例》中得到了改变，信用主体对公共信用信息的异议权能够覆盖公共信用信息从收集到使用的全过程。

（一）公共信用信息异议机制的运行现状

我国现有的公共征信体系，虽然十分重视异议及相关权利，但是在具体操作规程中呈现较大的差异。具体而言，异议权大致包含以下几种权能：第一，更正权能。即对确实存在错误、遗漏的信息，公共信用信息管理机构应

当予以自主更正或者转交有处理权力的机构进行更正，并通知当事人，上文已经提到，该种更正包括了添加、修改与隐藏。第二，删除权能。即对确实存在错误的公共信用信息，信息主体有权要求公共信用信息管理机构与公共信用信息提供机构删除。部分地方性立法规定，在异议期间经过后，无法查证信息真实性且无法定延期事由的公共信用信息，应当直接按照异议人的申请予以更改或者删除。第三，异议标注权能。即在异议处理程序开始后，公共信用信息管理机构应当对目标信息进行标注，以表示信息主体的不同看法，且能在披露期间提醒其他使用主体审慎使用该信息。当公共信用信息未及时标注时，信息主体可以提出要求。第四，要求谨慎权能。此种权能是基于域外经验与权益保障的当然逻辑所提出的，即经过调查核实后或异议处理期限经过后，被删除的公共信用信息应当不再被提供并出现在公共信用信息数据库中，公共信用信息管理机构和提供机构应当谨慎地对待重复错误信息。

异议权是公共信用信息异议机制的重要构造之一，通过梳理地方性信用立法中关于异议权“提起异议之条件”与“提起异议之后果”的规定，异议权规定出现的主要问题如下：第一，异议权规范效力弱。目前的地方信用立法实践，其在性质上属于地方性法规，也是目前规定公共信用信息异议权的主要规范效力来源。同时，其内容主要涉及公共信用信息的收集、处理、使用和联合奖惩的具体实施条件等，有关异议权利的篇幅较少，价值导向规定与内容精细化程度也不高。随着社会信用体系的逐步推进，公共信用信息的覆盖面会越来越广，地方性信用法规将难以应对越来越多的异议类型与问题。虽然部分地区出台了规定异议权与异议处理程序的专门办法，但其同样缺乏更高的效力，难以为全国信用信息异议工作提供指导。第二，异议权控制内容模糊。异议权的作用之一是明确信息主体与信用信息管理主体之间的行为方式，这是信用法治化进程中的当然之义。由前述可知，异议权的控制内容具体包括“提起异议的条件”与“提起异议的结果”。然而，信息主体的异议权对前述两类范围存在控制力薄弱之情形，原因在于立法缺乏对具体情形作出精细化、可操作性强的规定。

在提起异议的条件上，对“公共信用信息存在错误、遗漏”条款存在缺乏判定标准的弊端。对公共信用信息存在错误或者遗漏具体包含哪些情形没有进行具体规定，另外，对错误或者遗漏是指公共信用信息查询结果还是包含收集、处理、使用过程中的问题也没有清楚区分。这就使得信息主体提交异议时主观任意性更大，给异议处理带来压力。同时，由于没有确定的判断标准，公共信用信息管理机构在依法受理异议后，对公共信用信息是否存在错误或者遗漏进行调查核实时，可能出现不同的结果。

在提起异议的结果控制上，即在信息主体有权要求公共信用信息管理机构对目标异议信息进行何种处分上，也存在模糊不清的问题。例如在对确认存在错误的公共信用信息进行删除时，已经基于该错误信息作出的行政行为，尤其是减损权益类型的行为之撤销应当如何与删除结果进行衔接的问题，没有作出规定，这在实质上削弱了“删除”对信息主体权益保障的效力。同时，在对目标信用信息进行删除后，应当如何避免该错误信息再次进入公共信用信息系统，现有立法也没有明确的规定。

（二）公共信用信息异议机制中的问题

我国信用法治建设多注重权利义务等实体部分，对程序问题则不免有轻视之嫌。对立法者“公共利益取向”的怀疑态度，对惩戒总是偏好的某些特定利益团体的认识，催生了“程序控制”的必要。

第一，形式化要素薄弱。诚实守信作为社会主义核心价值理念，其自身具有浓厚的道德色彩，在实施过程中伴随着较为强烈的命令性质，因此，其在法治化进程中面临的主要问题之一是形式性要素匮乏。缺少对“严格的程序”的重视体现为信用立法中缺乏具有形式理性的要素。异议处理程序的形式化要素薄弱体现为程序的重要性没有得到应有的体现。围绕公共信用信息展开的异议包含行政法律关系的特征，信息主体是否能够按照法定的方式、标准参与到异议申诉中，是异议机制是否切实保障信息主体权益的前提标准。异议处理程序是否合理，必须观察其是否承认并保障异议权。就目前的立法现状来看，异议处理程序缺乏处理机关以外的有效监管，此难以体现程序之独立价值，此外，主管部门处理异议的权力与行为没有完全受到异议程序的控制。异议处理程序的功能之一就是通过规范行政部门的异议处理行为，期限、责任等因素就是规范其行为的具体标准，但这些因素在立法中规定较少，总体而言没有充分体现异议权与异议处理程序并重的外观。

第二，异议处理程序中的具体规定粗疏，精细化程度不够。如 2017 年国家发展改革委、人民银行《关于加强和规范守信联合激励和失信联合惩戒对象名单管理工作的指导意见》虽然规定了认定部门（单位）在依据认定标准将主体纳入失信惩戒名单前的告知及公示义务，如果信息主体存在异议，则由认定部门（单位）核实。但该文件对异议的受理与处理程序语焉不详，对当事人不服异议处理结果的司法救济与司法审查也没有作出规定。① 再如在异议处理制度方面，我国只有单一的异议申请渠道，且未建立异议处理平台。对无法核实的异议信息，美国规定应予以删除，而我国规定应当予以记载。对数据提供者更正的异议信息，美国征信机构会通知最近 6 个月使用该信用报告的机构，而我国未有类似规定。②

异议处理包含了诸多程序性要素，这些程序性要素主要包括受理，转交，调查，异议期限，通知等。从表面上来看，程序规定似乎丰富，但是粗疏也是显而易见的，因此不能以“形式上已经进行规定”作为否定异议程序形式化要素薄弱的理由。申言之，在责任归结中，仅仅规定了拒绝受理异议的情

---

① 刘俊海：《信用责任：正在生长中的第四大法律责任》，载《法学论坛》2019 年第 6 期。

② 陈志：《中美两国个人信用修复机制的比较与启示》，载《北京金融评论》2019 年第 1 期。

形，而忽略了异议处理逾期的责任后果。又如，法定延期规定中的“情况复杂”应当与哪些类型化的延期事由具有相当性？这些问题都需要立法予以妥善回答。

四、良法善治：公共信用信息异议机制之应然面向

在社会信用体系建设中，公共信用信息异议机制仅仅是一种程序工具吗？回答是否定的。在社会信用体系建设过程中，针对失信问题的研究生成“良法”，而对操作规范的妥善解释可创造“善治”，二者结合即可产生“良法善治”之效果。党的十六大提出要整顿和规范市场经济秩序，健全现代市场经济的社会信用体系，习近平总书记在党的二十大报告中明确指出“要弘扬诚信文化，健全诚信建设长效机制”“要完善产权保护、市场准入、公平竞争、社会信用等市场经济基础制度，优化营商环境”。我国在搭建公共信用信息主体权益保护机制时，应遵循操作性强、权责明晰、平衡保护、直接保护的基本原则，从约束所有参与方的行为出发，进行制度设计和安排，明确规定相应的权利和义务并建立自身权益的维护方法和相应的监管手段。①

（一）进一步推动公共信用信息基础性立法

公共信用信息与市场信用信息最大的区别就是其直接作为信用行政评价和信用制裁的依据。公共信用信息异议的出发点是避免缺乏正确性的信用信息作为行政信用评价的依据，而法律对公共信用信息本身的规定会直接影响到其后续的异议机制。在现实中，借助公共信用信息的收集、处理与使用，信息主体的信用度每天都要被不同的行政主体审视多次，以查看相对人是否处于“可信”状态。实际上，我们无论何时更新自己的信用信息，都会进入

① 邹芳莉：《美国征信立法对信用信息主体权益的保护及启示》，载《征信》2012年第2期。

一个不可见的评价网络，该网络确认我们的身份，记录我们的行为详细信息，并立即更新我们作为社会信用主体的身份和合法性。信用度不再是买卖双方之间的非正式个人事务，它已经成为一个制度性的事实，这在公共征信领域尤其明显，而公共信用信息的基础性立法会实质性影响异议机制具体的权利配置与程序设计。

现代市场经济就是信用经济，市场越发达就越要求市场主体诚实守信。信用信息的使用是建立良好社会信用环境的必要前提。从域外经验上来看，美国建立的相关基础法律有《电子信息自由法》《个人隐私保护法》《破产法》等，其中涉及信息主体异议的代表性法律有《公平信用报告法》《信用修复组织法》等。我国对异议权具体权能的规定却详略不一。政府的作用体现在公共信用信息的建立与开放，公共信用信息关切到失信联合惩戒的“量刑”问题，在全面推进信用相关法律出台之前，至少应该先建立信用信息等方面的基础性法律。《信用体系建设法（征求意见稿）》对公共信息异议机制的规定进一步精细化，强调了信用信息提供者、处理者和使用者之间的协同配合，提出了“不得对异议处理有歧视性安排”的指导，此外，还明确了异议处理结果的具体类型，并提出信用信息主体对信用信息处理者作出的异议处理不满的，可以向信息处理者的上级管理部门投诉或直接提起诉讼。立法还明确了国家机关工作人员在异议处理中的几种责任类型。在《信用体系建设法（征求意见稿）》的基础上进一步推动公共信用信息基础性法律制度的构建与完善，是社会信用法治体系新的任务目标。

（二）推动异议权的精细化设计

在目前异议处理程序尚不完善的情况下，明确列举异议权控制事项，不但能够明确信息管理机关的义务，也能够规范异议主体的活动区间。同时，添加概括性条款的做法有利于应对复杂多变的公共信用信息异议场景，保持法律的灵活性，拓宽异议权适用的解释路径。

首先，在不当收集或者错误、遗漏信息的情况下，赋予信息主体异议权是异议机制启动的第一步。通过整理，信息主体的公共信用信息异议权大致是围绕以下几项内容展开：第一，信息主体认为信用信息从归集到提供过程中存在错误、遗漏的情形。在该条款中，“认为”是基于信息主体的主观判断，管理机关仅得要求信息主体提供佐证材料，除了主体适格等必要性审查外，不得额外设置异议障碍。第二，信息主体认为披露的公共信用信息对其财产、声誉等方面造成影响、侵害的。第三，信息主体认为与其自身有关的公共信用信息披露期限已经过，在公共信用信息平台中仍未删除的。第四，行政机关基于信息主体的负面公共信用信息记录，错误地将其列入失信联合惩戒黑名单或者未及时移出黑名单的。此种明确列举的方式，能够使得信息主体获得博弈中的“完全信息”，不至于因缺乏明确的依据而被行政机关推诿，这不仅有利于行政效率的提升，也有助于倒逼异议机制本身的公开性、透明性。

其次，要明确异议权的救济措施。正当的程序应当是约束公权力的重要机制。从这个意义上来说，异议程序就是为了制约行政主体的权力，其是对恣意的有效限制。在依法行政范式下，任何新兴行政管理工具皆需并入法治轨道，这在实证法层面的标志便是人民法院能够通过行政诉讼对其进行审查。由于我国异议权的行使普遍缺乏可操作性的程序规定，权力行使程序的救济标准尚需要进一步明确。为防止异议程序沦为形式，法院有必要对其进行司法审查。司法审查是法院行政审判权能完整性的体现，也是异议权救济的最终归属。行政机关将负面公共信用信息纳入平台公示范围，或者依据负面公共信用信息进行联合惩戒等行为都属于具体行政行为，如果信息主体要提出异议，即可依据行政复议法或者行政诉讼法的相关规定对自己的权益进行维护。随着社会信用法治体系的逐渐完善，对行政主管机关而言，信用治理是一项缺乏理论支撑与实践经验的管理工作，随着公共信用信息在信用红黑名单制度中的广泛适用，以及联合奖惩的广泛覆盖，由此引发的异议申请以及救济必定有所增长，这都需要司法体制予以及时回应。

（三）强化异议处理程序中信息主体的参与

程序是法律制度化、形式化的基石，是走向法治的技术上的突破口。① 无论是信息主体提起异议还是处理异议中的管理主体调查核实，疏忽遗漏以及不合理的主观因素实难避免。公共信用信息异议虽然体现了行政权力对异议机制的影响，但其仍在很多方面与过去银行、征信机构信息系统内的信息异议有相似之处，异议机制的设计不能不考虑这一点。作为一种博弈规则，公共信用信息异议机制应当注重任何一方博弈主体的充分参与。从立法现状问题评析来看，信息主体经常处于经济和信息地位劣势状态，不具备参与博弈的"共同知识"，这就很难说信用信息异议机制做到了协调主体之间的矛盾与冲突。解决方法就是在异议处理程序中，通过制度的形式确立信息主体的活动区间，换言之，即建立和完善协商性行政程序。相较于"命令-控制式"的行政程序，有学者认为，强调行政主体与相对人实质平等的协商型程序更有利于主体之间的沟通和协商。② 由公共信用信息的实际运行情况可知，单纯由行政机关主导，相对人仅被动参与的异议机制已经无法满足信息主体权益保护的实际需要。具体而言，在信息主体提交异议申诉时明确告知异议所需的佐证材料、及时以书面形式告知信息主体是否受理以及是否转交受理情况、赋予信息主体查阅异议进度等权利，有利于异议权实质控制的规定最大化保障异议机制的科学性与合法性。

本章小结：以公共信用信息异议机制发展助推政务诚信建设

在全国统一大市场的社会信用体系支撑建设中，公共信用信息的质量是

① 孙笑侠：《程序的法理》，商务印书馆 2005 年版，第 280 页。

② 王柱国：《论行政规制的正当程序控制》，载《法商研究》2014 年第 3 期。

关键所在。公共信用信息异议机制的法治化发展，不仅强化了多元市场主体的权利救济意识，更在公共信用信息的异议、申诉和及时处理过程中提高了信用信息的准确性和完整性。在公共信用体系的政府公信力层面，异议机制不仅为市场主体提供了信用信息纠错渠道，还能增强市场主体对信用体系的信任，使市场主体更积极地参与公共信用体系建设，提升政府信用的公信力和权威性，从而促进统一大市场的信用环境不断优化。从政府信用监管与公共信用服务优化角度来看，公共信用信息异议机制的完善还可在规范政府信用监管行为的同时，细化公共信用信息的采集、认定、公示等环节的责任和流程，促使政府依法依规开展公共信用信息监管。未来，在推动全国统一大市场的发展和完善过程中，破除地方保护和市场分割是统一大市场建设的双重面向。从法治监管视角考量，完善公共信用信息异议机制的本质是为解决此类问题的同时，确保多元市场主体在全国范围内纳入统一和公平的信用管理体系，进而科学有效地推动政务诚信建设。

第九章

全国统一大市场背景下政府信用保护公益诉讼制度构建的学理方案

建设全国统一大市场是党中央关于经济发展新格局的重要举措，全国统一大市场的推进必须完善以政府信用为基石的法治政府。政府信用关乎多元市场主体的信赖利益保护，其作为公益诉讼保护的客体之一，可借鉴当事人适格、诉讼担当以及“委托-代理”等理论工具。政府信用保护公益诉讼的理论构建面临着“等”外探索边界模糊、救济方式的经济性不足以及政府失信行为的隐蔽性等问题。因此，未来立法完善须明确此类特殊公益诉讼的受案范围以限缩诉讼客体边界，拓展政府信用保护的非诉救济的可能限度。根据我国现有的政务信息公开要求，还可结合地方政府债务评级规则探索诉前建议和可诉性评估机制的运行空间。

一、问题的提出：政府信用何以成为检察公益诉讼保护的客体

党的二十大报告指出，国家要深化简政放权、放管结合、优化服务改革。建设全国统一大市场，深化要素市场化改革，构建高标准市场体系。完善产权保护、市场准入、公平竞争、社会信用等市场经济基础制度，优化营商

环境。① 我国政府的“放管服”改革与法治政府建设都立足于国家改革开放的大背景，在全国统一大市场的建设下符合经济发展的基本规律。“放管服”改革与推进法治政府建设密切相关。在优化法治化营商环境的过程中，信用法治又是市场主体间交易秩序稳定的重要制度保障。此即意味着，中国特色社会主义市场经济的营商环境不断朝着市场化、法治化、国际化的方向发展。② 因此，推动政府信用法治建设，必须深入推进“放管服”改革，必须落实中共中央、国务院印发的《法治政府建设实施纲要（2021—2025 年）》。在这一过程中，政府应充分挖掘现有制度体系，科学强化行政监管职能，提升依法行政效能。在全国统一大市场建设中，若要减少要素资源市场配置的审批“梗阻”，发挥多元要素在统一大市场中自由流通的活力，就需要依托政府不断优化和提升市场监管效能以破除要素在行业和地域流通中的壁垒，从而实现全要素市场主体公平地参与市场竞争和适用统一的监管标准。③ 若要在法治轨道上明确“亲清”的政商关系，需要政府充分运用法治思维和法治方式固化“放管服”改革成果。通过推动政府诚信，加快社会信用体系建设来优化法治化营商环境。④《信用体系建设法（征求意见稿）》第 87 条已经明确，要建立和完善守信激励与失信惩戒制度，倡导和褒扬诚实守信，依法对失信行为进行惩戒和约束。从社会信用体系的层次来看，社会信用不仅涵盖了商务诚信与社会诚信，还涉及政务诚信和司法公信等方面。这也就意味着，以政府为主导、全社会协同参与的社会信用体系建设，不仅需要多元市场主体不断自我规范社会主义市场经济主体的运营秩序，而且需要依托政府创新

① 参见中国共产党第二十次全国代表大会报告的内容。

② 中国行政管理学会课题组：《聚焦市场主体关切持续打造市场化法治化国际化营商环境》，载《中国行政管理》2021 年第 8 期。

③ 王译：《全国统一大市场视域下要素市场化改革的现实问题与应对策略》，载《新疆社会科学》2022 年第 6 期。

④ 王敬波：《“放管服”改革与法治政府建设深度融合的路径分析》，载《中国行政管理》2021 年第 10 期。

社会治理机制，及时有效发挥信用法治市场中的监管职能，提升全社会诚信意识。因此，社会信用体系蕴含了对市场主体参与公平竞争的信赖利益保护，推动信用法治政府建设和强化政务诚信并行不悖，但难以凭政府一己之力实现信用保护这一特定法益的规范保护。《信用体系建设法（征求意见稿）》中关于失信约束、惩戒以及守信激励的内容，更多的是从市场主体、社会组织以及公民个人的角度强调信用本身的功能。①

随着以 ChatGPT 为代表的人工智能技术领域革新，构建“智慧”或者“智能”政府更依赖技术应用场景的拓展与延伸。信用法治领域的发展需要构建诚信政府，现有的行政规制手段无法满足政府信用治理的现实需求，需不断探索新的政府信用保护方式和方法。在挖掘信用这一诉讼客体内涵过程中，失信联合惩戒的依据来源合法性以及正当性曾受到学界的质疑。当《中华人民共和国行政诉讼法》赋予了检察机关提起公益诉讼“等”外探索的职能延伸空间时，这意味着政府面向不特定多数人的市场监管在正向激励和逆向规制的行为效果中具备了成为公益诉讼客体的可能。因此，政府信用作为《中华人民共和国行政诉讼法》上公益诉讼保护的客体，具备了时代的必要性。在穷尽行政监管保障方式的前提下，通过“政府信用保护公益诉讼”的方式保护不特定多数人之“公益”，此作为一种理论假设具备了探讨的空间。由此，本部分旨以检察公益诉讼的内在机理为基础，在阐述政府信用作为公益诉讼救济客体的法理基础上，探讨未来立法对起诉主体“公私结合”的政府信用保护公益诉讼的可能限度，以期在全国统一大市场背景下有效推动政府信用法治建设，优化法治化营商环境以及强化权力机关、检察机关等外部主体对政府在全国统一大市场监管过程中的监督效能。

---

① 参见《信用体系建设法（征求意见稿）》第 87 条的内容。

二、全国统一大市场背景下政府信用保护公益诉讼的基本定位

全国统一大市场建设是一场小型“全球化”的运动，基于发挥超大规模市场效应的现实需要，全国统一大市场的发展必须发挥“超大规模市场”的效应，超大规模市场至少从形式上将我国的国内统一市场纳入世界市场的整体范畴。借助超大规模的人口数量，我国市场形成的消费优势、科技创新优势、技术产业化应用规模优势、金融优势以及经济收敛优势等在全球贸易竞争中发挥着举足轻重的作用。① 自由贸易市场在缺失必要的政府监管的情况下，最大的弊病在于市场调节的自发性、盲目性和滞后性。若任由市场在资源配置过程中无序发展，国家则难以借助“超大规模市场”的现实优势完成技术创新和产业升级。② 因此，政府诚信作为政府信用法治建设的重要保障，须明确公益诉讼救济机制的应然立法定位。在法理依据层面，将政府信用保护与公益诉讼制度结合。

（一）政府信用保护公益诉讼的立法定位

在公益诉讼制度范畴，政府信用保护公益诉讼属于公益客体的合理探索与适度延展。类似于英烈保护公益诉讼作为检察公益诉讼“等”外探索的一个典型，其目的不仅应实现不特定多数的受害人将来扩散利益的保护，而且要立足国家利益、社会公共利益主体本位，代表国家维护政府信用形象以及不特定多数人的信赖保护利益，从而契合公益诉讼制度的立法价值旨归。③ 由

---

① 肖钢：《新基建、数字化潜力巨大，加快金融改革盘活存量资产》，载《清华金融评论》2020 年第 6 期。

② 逄锦华：《构建与社会主义制度相适应的全国统一大市场》，载《财富时代》2022 年第 6 期。

③ 占善刚、王译：《检察机关提起民事公益诉讼的角色困境及其合理解脱——以 2018 年〈检察公益诉讼解释〉为中心的分析》，载《学习与探索》2018 年第 10 期。

此可知，立足公益诉讼保护的客体外延探索层面，政府信用契合了多元主体公平参与市场竞争的可期待利益。

第一，政府信用集中体现为法治政府视域下的政府诚信建设。政府诚信涵盖了政务诚信和公务员诚信，其中政务诚信还可向下划分为政务监管和政务服务诚信。政府不仅当好“裁判员”，而且应避免同时成为“运动员”。①基于信用行政监督的时代需要，政府信用保护公益诉讼旨在面向政府信用受损的情形时，允许适格主体通过民事、行政诉讼的方式及时实现公益恢复和权利救济的双重效果。政府信用受损实际中多表现为政策兑现能力不足，具体涉及政府财政支出乏力、税收优惠政策无法落地以及地方政府专项债券的兑付信用缺失等。

第二，政府信用应体现为政府失信的可诉性。政府失信行为若属于行政诉讼受案范围，则交付该类诉讼即可。而上升至国家或者公共利益层面的直接或者潜在损害时，由特定主体代表国家实现公益恢复和补偿的效果便体现了追责性的特点。尽管行政诉讼的“民告官”形式有效发挥了督促履职、纠正违法以及填补权利损害的功能，但因受案范围有限，无法使得政府信用这一抽象客体能够具备可诉性。涵盖政府购买的公共法律服务在内，公民如何使用该法律服务，公共法律服务的承接方如何运营好该类委托服务，乃至政府如何就提供公共法律服务的期待利益规范行政优益权的行使等方面，均可作为政府信用保护的客体而纳入行政公益诉讼范畴。② 因此，政务监管和政务服务中的信赖利益保护亟待从公益诉讼制度构建层面明确政府信用保护的公益价值，从而确立起政府信用公益救济路径的立法价值与实践意义。

---

① 阮德信：《论习近平诚信观》，载《首都师范大学学报（社会科学版）》2022 年第 3 期。

② 方世荣、付鉴宇：《论法治社会建设中的政府购买公共法律服务》，载《云南社会科学》2021 年第 3 期。

全国统一大市场的法治监管不仅应区分政务监管和政务服务的界限，而且还应严格依照“权力清单”区分监管目标对象，从而实现政务监管和服务双重标准体系的权威性、原则性和稳定性。例如，落实政务信息公开的各项服务要求，可有效地推动政务监管的透明度。①

（二）政府信用保护公益诉讼构造形成的理论依据

政府信用保护公益诉讼制度探索契合了国家利益和公共利益客体范畴，国家利益与社会公共利益在公益诉讼的立法价值上具备了高度的契合性。尽管有学者认为，我国独特的“国家-社会”结构使得公益诉讼逐渐呈现出“国家化”特点，形成了“社会事务，国家担责”的逻辑抵牾。这表现在，检察机关、行政机关多取代社会组织成为公益诉讼的主要起诉主体，而弱化了社会组织参与公共利益保护的诉讼实施路径。② 观察政府信用这一客体内涵可知，其有别于环境、消费者、食品药品安全、个人信息乃至国土国财等公益表现形式，而更接近于英烈保护的公益形态。但是，政府信用对参与统一竞争的平等市场主体而言，亦可造成信赖利益或者履行利益的损害。因此，政府信用在与市场经济主体发生利益关联时，兼具国家利益和公共利益的双重指向。③ 因而，政府信用保护公益诉讼须以是否存在不特定多数的受害人为前提，明确其规则构建的理论依据来源。

第一，“当事人适格”。当政府因失信行为导致国家形象受损时，并不必

① 李贻才、王军杰：《市场监管政务服务标准化体系建设的探索与思考》，载《质量与市场》2021 年第 3 期。

② 陈杭平、周晗隽：《公益诉讼“国家化”的反思》，载《北方法学》2019 年第 6 期。

③ 学界对国家利益与公共利益的界定存在学理争议，包括“国家利益说”“抽象利益说”“多数人利益说”“合作价值说”等不同理论。甚至，提出“不可能定律”的美国经济学家阿罗认为“由于个人偏好无法汇集成社会的需要和偏好”，从而不存在真正意义上的公共利益。参见高瞻：《论公共利益的内涵与外延》，载《司法改革论评》2015 年第 2 期。

然导致不特定多数受害人出现。由此可知，“固有的当事人适格”理论是集中解决国家利益与公共利益产生交叉时的合理解脱路径。以环境公益为例，当前我国环境公益在国有财产保护、国有土地使用权出让、食品药品安全等领域与国家利益和社会公共利益形成混同。因此，环境公益应剥离于传统公益范畴，将其内涵限定于“生态共同利益”，这体现了以“当事人适格”理论作为检察机关提起环境公益诉讼的理论证成。① 同理，在市场经济公平自由竞争环境中面临政府失信行为时，并不必然导致政府监管对象的信赖利益受到损害。在此种情形下，检察机关若作为政府信用保护公益适格的起诉主体，其目的主要在于恢复政府公信以维持经济秩序。因而，基于检察机关法律监督主体的宪法定位，其代表国家契合了“当事人适格”的判断标准。此种适格判断是基于法律的直接授权，而非由法官结合举证与查证完成当事人身份是否适格的实质审查。②

第二，“诉讼担当”。“诉讼担当”理论集中解决存在不特定多数受害人的情形，包括法定的诉讼担当与任意的诉讼担当。法定的诉讼担当亦是基于法律的直接授权，这表现在检察机关代位行使诉讼实施权，其中还涉及主位诉讼实施权与备位诉讼实施权的理论分野。③ 由于公共利益的概念存在宽泛性，其属性判断具备较强的不确定性以及层次上的复杂性等特点，公益诉讼实践中其极易与国家利益、社会利益等概念相混淆。而“诉讼担当”理论构建于存在不特定多数受害人的主体范畴，这有别于“私人检察长”理论中公民个体、社会组织追究多数个体私益保护的情形。由政府信用指向的国家公信与社会利益双重保护目的可知，政府信用保护公益诉讼的诉讼实施权兼具私益性诉讼实施权的内在特征。“诉讼担当”意味着非直接利害关系人可通过

---

① 陈晓景：《检察环境公益诉讼的理论优化与制度完善》，载《中国法学》2022 年第 4 期。

② 汤维建：《当事人适格的判断机制》，载《法律适用》2021 年第 7 期。

③ 黄忠顺：《诉讼实施权配置论——以群体性诉讼中的当事人适格问题为中心》，载《东方法学》2014 年第 6 期。

法律授权或者信托取得诉讼实施权。①不特定多数受害人表现为将来扩散的不利益，实质上代表的不是现实损害而是未来的预期危险。以德国、日本为代表，特定多数人案件适用的诉讼模式一般指的是“集团诉讼”“团体诉讼”，而非公益诉讼。

第三，“委托-代理”与“博弈”。在政府诚信范畴之外，社会信用体系建设中的商务诚信蕴含了推进市场诚信建设的内在要求。市场诚信建设必须以政府诚信为前提，而从经济学意义上可知，此种政府信用往往需要借助市场诚信将“委托-代理”以及“博弈”理论应用于经济实践中。“委托-代理”即反映了社会组织接受信托获得诉讼主体资格时，其主要为委托人利益参与诉讼。此时，借助“诉讼担当”理论阐释“委托-代理”关系，即已反映为任意的诉讼担当。“博弈”理论在多元市场主体参与竞争的语境下，重点体现了政府信用与多元市场主体期待利益之间的冲突和平衡。立足于理性经济人假设，在以公益诉讼为形态的公益救济路径中，各诉讼参与主体因“个人理性”形成策略偏好，策略组合需满足所有人决策的最优性。在完全的市场竞争环境中，政府诚信行为逐渐由单次静态博弈向重复博弈演进。基于个体微观行为的市场自主调节功能不再具备普遍性，因职业分工、商品交换和技术创新导致的信息不对称加剧，从而使得各利益交错博弈的诉讼救济路径正在悄然转型。②

三、政府信用保护公益诉讼理论构建的现实困境

全国统一大市场作为国家经济领域优化市场资源配置，提升市场经济活

① 黄忠顺：《论公益诉讼与私益诉讼的融合——兼论中国特色团体诉讼制度的构建》，载《法学家》2015 年第 1 期。

② 姚宇、袁祖社：《陌生环境、承诺契约和市场经济体制下社会诚信的建设路径》，载《内蒙古社会科学（汉文版）》2018 年第 1 期。

力的重要举措，其属于习近平经济思想的重要组成部分。全国统一大市场集聚了“超大规模市场”效应，以推动经济高质量发展为目标。① 政府履行市场监管的职能，需要将政府诚信纳入公益诉讼救济机制的适用范围，其在规则构建上仍面临着如下问题。

（一）政府信用保护公益诉讼“等”外探索的界限

公益诉讼制度自试点至今已逾6年，从环境公益、消费者公益逐步拓展到野生动植物保护、英烈保护、国土国财保护、食品药品安全生产监督、个人信息保护乃至慈善公益等范畴。在公益诉讼中的主导地位，检察机关不仅依照《中华人民共和国人民检察院组织法》第20条发挥起诉主体的功能，而且依照第21条履行法律监督主体的职责本位，督促以政府为主导的行政机关纠正违法和依法履职。正因公益诉讼制度的客体外延是不确定性概念，其跟随经济社会发展逐步形成“等”外空间延展的时代同步性和实践必要性。但是，不确定性概念并非绝对不能确定。基于其他国家已有的立法先例，我国“公益保护”可反映为“公共事业”和“国家规划”的统筹安排。概括式的立法建议仅对公共利益作抽象界定，我国公益诉讼制度的发展特征意味着“公益”更倾向于具体而非抽象，这使得检察机关提起公益诉讼的“等”外探索于法有据，于理有循。“列举+概括”的立法技术作为一类定义模式，积极回应了“公益”是客观的立法保护需要，须兼顾公益标准判定的实体和程序双重要求。② 基于此，这能否意味着所有与政府失信行为有关的行政监管、执法以及政务服务都属于政府信用保护公益诉讼的规制对象？政府主导的行政合同、公民个体接受日常的政务服务，以及单个市场主体基于政府个别的

① 黄燕芬、刘志成：《建设全国统一大市场的理论逻辑与推进路径》，载《江淮论坛》2022年第4期。

② 倪斐：《公共利益作为不确定概念的法律化思考》，载《安徽师范大学学报（人文社会科学版）》2010年第5期。

财政税收优惠政策享受的经营性权益等内容，若被纳入政府信用保护公益诉讼的救济范畴，不仅使得政府信用“公益”的外延无法确定，而且极大增加了此类案件的“讼累”。由此可知，政府信用保护公益诉讼在“等”外探索层面首先须解决两个问题：其一，哪些适格主体具备此类案件的起诉资格？其二，政府信用保护公益诉讼的受案范围如何界定？在上述两个问题的解决路径探索过程中，检察机关作为公益诉讼应然的起诉主体，如何处理好其他适格主体之间的起诉顺位关系，关乎公益诉讼的运行效能。

（二）政府信用保护公益诉讼救济方式的经济性

在市场经济视域下，政府信用关乎多元市场主体参与竞争的公平性。对亟待破除地方保护主义，畅通多元要素流通的统一大市场建设目标而言，由检察机关作为政府信用保护公益诉讼的起诉主体具备天然的外部监督效能。尽管政府可通过上下级领导关系强化监管和督促执法，其固然具备程序救济上的时效性，但从监管的实际效果来看并不尽如人意。涉及市场监管、执法以及政策落实的政府各组成部门在政府失信行为发生后往往因责任界定不清，无法及时获得政府失信对不特定市场主体的损害救济。而由检察机关主动提起公益诉讼，并非基于诉讼经济的角度迎合司法的效率价值，而是在政府信用对潜在市场主体的损害风险层面，需要解决政府公信与市场主体公平竞争之间的矛盾。公共利益主体的不特定性意味着公益保护诉讼救济机制的有限性。在现代法治体系中，公益诉讼是行政管制的补充。以“补充管制”为目的和内容，“督促科学履职和严格执法的诉讼”，其基本规则需要法律的明确授权。由此可知，公益诉讼救济制度从内容上应与管制法协调呼应。① 以美国的公民诉讼为例，“公民诉讼”将私人执法引入环境纠纷领域，使得行政机关“勤勉执法限制”必须作为公民诉讼的前提，

---

① 巩固：《公益诉讼的属性及立法完善》，载《国家检察官学院学报》2021 年第 6 期。

即应满足一切行政执法手段后方能进入公民诉讼。① 由行政执法效率的经济性可知，盲目地追求公民诉讼将使得公共利益的保护趋于无序甚至混乱。美国国会为平衡非必要的公民诉讼和改正不勤勉行政执法，将“勤勉执法”的判定权力交由法院行使，从而避免公民诉讼僭越行政执法成为唯一的公益侵害救济路径。② 因此，在检察机关能够取代社会组织成为优先顺位起诉主体的学理争议中，应审慎把握该类公益侵害诉讼解决路径的效率价值。参照行政公益诉讼诉前建议规则，若能通过检察建议督促政府践约守信，避免了将来不特定多数人信赖利益的扩散损失，此亦从源头上规避了公益诉讼程序推进的时限过长问题。

（三）地方政府失信行为的隐蔽性

“中央-地方”集权与分权的博弈是政府信用建设的“晴雨表”。地方政府在财政支付、税收政策优惠以及金融产品开发层面，不同程度地受到中央政策与地方保护主义的双重影响。由此可知，在欠缺中央层面统一监管的行业市场领域，极易发生地方政府的失信行为。例如，在行政指导中，基于行政相对人信赖利益的保护，此种行政合同的履约附带有相应技术支持和财政税收上的激励政策。由中央与地方政府长期以来的“财政分权”与“晋升竞赛”制度安排可知，政府绩效考核在某个时期内往往偏重于短期单一的经济发展指标。而现有的官员绩效考核与晋升制度使得“新官不理旧账”在不成文的惯例思维中潜移默化为一种常态。因地方主要负责人的人事变动，导致往届政府承诺的经济政策发生调整。相较于政府履约守信的代价而言，不特

① 这主要反映在美国的清洁水以及清洁空气法案当中，明确“公民诉讼”的启动条件必须以穷尽一切可能的行政执法手段作为前置。参见巩固：《美国环境公民诉讼之起诉限制及其启示》，载《法商研究》2017 年第 5 期。

② 崔瑜：《公益保护行政执法与公民诉讼的平衡》，载《国家检察官学院学报》2018 年第 6 期。

定市场竞争主体面对政府失信行为时，应由政府承担的失信责任并非显而易见。基于政府失信现象的隐蔽性，当行政执法作为政府信用保护公益诉讼的必要前提时，在责任承担层面并不能确立起明确的追责对象和实现方式。地方政府在社会信用体系建设层面，依然面临着东、中、西部地区发展不平衡不充分的矛盾。同时，以地方债作为政府信用评级的参照，其信用标准的设置不仅分散，而且信用评价方式呈现出个别化的特征。政府失信在我国现有的社会治理结构中体现的是一种内部治理关系，无法呈现出与企业法人相同失信惩戒的“连锁效应”。尤其在以政府名义发行债券融资的情形中，当缺失地方政府财政破产制度以及欠缺完善的政府财政信息披露和信用评级规则时，难以从债务预警的角度约束关乎政府信用的举债融资行为。① 从政务失信的语义学层面观察，政务失信还可向下分解为“政务失真”“政务失诚”以及狭义的“政务失信”。面对不同程度的政府失信，区分公益侵害的效度、救济方式的经济性以及纠纷解决的合理性评估等一系列问题，在诉讼救济路径中如何有效恢复政府公信是亟待解决的问题。

四、构建政府信用保护公益诉讼的改革面向与路径选择

为发挥公益诉讼“等”外探索的制度构建效能，政府公益诉讼的救济方式需在理论假设中予以进一步明确。为回应构建政府信用保护公益诉讼中的现实堵点，本部分力求限定政府信用保护客体的基本范畴，从而在政府信用保护诉讼救济中探寻可能限度。在缺失契约精神指引的前提下，政府“践约守诺”往往以“新官不理旧账”的方式规避市场监管中的应有职责。“新官

---

① 温来成、彭羽、刘洪芳：《强化我国地方政府举债融资约束机制研究——以美国地方政府破产机制为例》，载《中央财经大学学报》2014 年第 9 期。

不理旧账”的方式不仅损害了政府的公信力，助长了错误政绩观，而且造成了群众的信任感降低。① 政府信用保护涉及市场竞争机制的调整，经济行政领域应以优化法治化营商环境为导向。因而，须提升要素市场化改革的政府监管效能，探索政府信用保护公益诉讼的诉前规则、诉中恢复责任的实现以及其他非诉救济方式的应然限度。

（一）明确政府信用保护公益诉讼的受案范围与诉讼客体边界

全国统一大市场建设必须破除要素市场的行业和地域流通壁垒。作为“看得见的手”的有机组成部分，政府监管在统一市场的形成和发展过程中发挥着举足轻重的作用。围绕大市场的统一建制目标，社会信用体系中的政务诚信建设事关政府整体信用，其为避免地方保护主义向市场主体提供了信赖利益。② 根据政务诚信的学理分类可知，现有的政府信用主要按照政府和公务员这两个维度予以区分。相较于公务员诚信，政务监管诚信与政务服务诚信显然更契合多元市场主体信赖利益保护的公益范畴。政务“监管”和政务“服务”若同时体现在即时生效的具体行政行为场景时，并不必然对将来的“本体利益”与“扩散利益”产生信赖保护。而涉及将来两类利益的承诺和兑现时，某一届政府及其组成部门往往以经济工作领域的抽象性规范文件来表达本届政府的市场监管态度。在确认政府的市场监管行为的合法性时，不论具体还是抽象行政行为，涉及政府失信的审查判断和规制必须以法律的明确授权为前提。由此可知，在应然的公益诉讼保护范围内，政府信用保护的诉讼客体应严格区别于“信用”作为普通民事、行政纠纷客体的情形。其在诉讼经济性层面，政府信用保护的规制对象和责任承担方式应当具体，而不

① 李璐、李华成：《新官不理旧账的缘由、危害与对策》，载《领导科学》2020年第3期。

② 王小广：《建设全国统一大市场要坚决拆除两道“围墙”》，载《国家治理》2022年第9期。

应漫无目的地无限延伸至政务诚信的全部方面。政府信用保护公益诉讼的客体边界与“公共利益”的可诉性密切相关。而“可诉性”往往体现为法律的直接规定，即以法律形式表现国家目的属于公共利益范畴。① 未来在政府信用保护公益诉讼的规范构建层面，须将其客体的指向对象范围限定在“本届政府任期内，由县级及以上人民政府作出的面向不特定多数市场主体的抽象性行政文件”，或是“面向特定多数或者个人的具体行政行为”。从效果层面考量，为限制此类特殊诉讼救济路径外延，此类抽象性行政文件或者具体行政行为应表现在不特定多数或者特定市场主体因该文件或者具体行政行为产生“信赖”。而该“信赖”可直接影响市场主体的个人行为或者组织行为。② 对照我国当前的个人信息保护公益诉讼理论，个人信息处理过程中的部分行政机关具有个人信息处理者和监管者的双重身份。个人信息作为公益诉讼客体，其必要性体现行政公益诉讼的督促行政的预防性特征。公益诉讼作为客观诉讼可弥补主观诉讼的缺陷，因而个人信息纳入诉讼救济的保护范畴。③ 相比之下，政府信用在社会信用体系建设中虽未明确检察机关的相应监督职责，但比照行政机关依法履行个人信息保护的法定职责，政府信用亦具备了外部监督的必要性与可行性。在诉讼客体的表现形式上，政府信用即是以政府公共服务的形式体现，其与多元市场主体公平竞争环境密切相关。这应属政府失信的公益诉讼保护范畴，而不应局限于政务监管层面。例如，基于行政指导的行政合同，其背后反映了某一届政府任期内的针对财政补贴、税收优惠等“践约守诺”利益的信赖保护。

---

① 陈新民：《德国公法学基础理论（增订新版·上卷）》，法律出版社2010年版，第194-196页。

② 基于具体行政行为的“授益性”和“损益性”划分标准，“授益”并非市场主体“信赖利益”丧失的表现。“信赖利益”的衡量须在“损益性”行政行为语境下，归纳出“政府信用保护”的诉讼救济规律。因此，未来立法在“信赖利益”层面有待从学理上进一步厘清“损益性”行政行为的裁量基准。

③ 余凌云、郑志行：《个人信息保护行政公益诉讼的规范建构》，载《人民检察》2022年第5期。

（二）拓展政府信用保护非诉救济方式的可能限度

有学者认为，检察机关通过提起公益诉讼实现政府信用保护之程序价值，其与法院应采用相同的合法性审查标准。在检察建议和公益诉讼这两类“刚柔并济”的救济路径中，检察机关对督促行政应如同司法审查功能一样，不可替代政府自身履行的行政裁量职责。① 以检察建议的方式履行诉前监督职责，是我国当前行政公益诉讼制度的应有之义。为实现公益保护的效率和经济价值，诉前程序与公益诉讼程序衔接的关键在于行政机关根据检察建议能否履行好法定职责。② 政府信用保护公益诉讼可涵盖民事、行政公益两类，此意味着涉及督促政府履职的部分，应然须在诉前阶段发挥检察建议的功能。涉及民事公益部分，则应允许社会组织作为适格的起诉主体，发挥第三方监督政府信用恢复的诉前功能。多元的第三方监管涵盖了群众自主参与的网络媒体监督、第三方组织监督、信用监督员监督以及第三方政府信用评级等多种形式。③ 由于行政公益诉讼所采启动标准属于行为判定而非结果判定，其程序的开启必须以穷尽一切执法手段为前提。而是否达到预定的执法整改目标，或者公益侵害是否停止以及处于恢复状态等情形，只能作为检察机关是否以“适格当事人”通过公益诉讼实现法律监督。④ 因此，不论民事诉讼抑或行政公益诉讼，在政府信用保护范畴应明确政府监管职责运行的权力主体，关注政府信用不同维度下对应的诉前救济方式。这包括，对不特定多数人产生将来信赖利益受损的政策性文件，在诉前阶段可重新制定、修改或者废止；对政府主要负责人或者工作人员造成政府失信的口头承诺或者书面决定等内容，

---

① 余凌云：《检察行政公益诉讼的理论构造》，载《行政法学研究》2023 年第 5 期。

② 沈开举、邢昕：《检察机关提起行政公益诉讼诉前程序实证研究》，载《行政法学研究》2017 年第 5 期。

③ 陈丽君、朱蕾蕊：《多元信用监管下的政府信用建设》，载《中共浙江省委党校学报》2015 年第 6 期。

④ 刘超：《环境行政公益诉讼诉前程序省思》，载《法学》2018 年第 1 期。

还可通过新闻发布会、书面答复等方式予以回应；对不特定多数人造成政府失信的责任主体予以内部行政处分或者移送监察处置等。

（三）推动构建政府信用诉讼救济的可诉性评估机制

优化社会信用体系的评价标准，在现有的政务诚信体系中，明确政府信用保护的可诉性评估涵盖了政务监管和政务服务两个方面。对公务员诚信部分，仅适用在对不特定行政相对人利益造成侵害或者对涉及政府信用的市场监管形成特定风险的情形，否则应排除政府信用保护公益诉讼的受案范围外。

第一，可诉性评估首先须依托有效的政务信息公开机制。政务信息公开对全国统一大市场中的多元市场主体而言，是“信息对称”理论的现实观照。涉及政府预算与会计信息披露，多元市场主体可根据政府统计报告评判投资经营的时空场地、产品规模和产品使用方向。① 源于西方实用主义的司法能动主义，在公益诉讼的“等”外探索中并不能代表我国能动司法的普遍特征，而多以法官的创造性释法或者造法来影响国家公共决策。因此，政务信息公开在司法职能的“能动”层面，须强化以检察监督为载体的行政检察监督职能，唯此方能立足于“政府-检察”互动层面，打通政务信息公开的“最后一公里”。②

第二，可诉性评估应提升注重社会组织参与诉讼的能力。以民事公益诉讼为形态，政府信用保护亦明确不同起诉主体之间的起诉顺位。政府信用保护的规则须指出检察机关通过公益诉讼方式救济“信赖保护”利益应处于备位，而主位的救济方式仍应是政府部门的内部监督。在司法实践中，因检察机关作为“公益诉讼起诉人”有别于普通的民事自然人以及社会组织，从而具备了更为高效的调查取证能力。此时，根据调查核实形成的检察建议可发

① 王焕：《中国政府信息需求研究综述》，载《电子政务》2015年第5期。
② 陈丽玲：《正名“能动司法”——兼谈“能动检察”之本体价值》，载《广西师范大学学报（哲学社会科学版）》2016年第2期。

挥诉前救济的作用。① 相较于公益诉讼，发出检察建议在监督方式上显得更为柔和。基于政府信用保护的公益诉讼能力，可诉性评估应侧重关注起诉主体的资质和调查取证手段等方面。

第三，可诉性评估应完善地方债信用评级体系的政策建议与监管措施。这不仅应在政府财政报告制度的基础上不断改进评级方法与程序，同时还应加大地方政府举债融资的信息披露，明确地方债“国内+国际”双评级要求并完善政府的财务审批监督实施规则。② 在信用评级的行业监管层面，我国可借鉴国际三大信用评级机构的指标完善政府信用评级的可诉性评估，这包括经济状况、财务管理、预算表现、预算弹性、资金流动性、负债状况以及或有债务等二级指标。地方政府信用往往借助地方债这一重要指标予以衡量，包括固定资产存量和流动资产对政府偿债能力的认定。我国中债资信、大公国际以及上海新世纪等政府债评级机构亦在指标设置中明确了上述指标的合理性，并综合金融生态环境来评价财政平衡能力与政府信用的稳定性。同时，可诉性评估还应关注政府信用所涉不特定市场主体信赖利益的具体边界，并提升法院受理此类案件的庭前审查效能。自立案时起，法院对公益诉讼救济的形式审查重点关注诉讼救济方式的效率。当政府失信行为发生时，政府自身是否尽到“勤勉执法”的全部义务，将此作为政府信用保护公益诉讼的前置程序。

以现有的企业刑事合规试点方案为例，未来可将政府信用保护的诉前救济方式延伸至政务诚信建设，此即“政务诚信合规”的应然期待。政务诚信合规的重点主要涉及市场经济中的招商引资与政务信息公开，其意在实现“畅通信息共享，强化监督刚性”的效果。在优化营商环境提升竞争

---

① 王译：《“提起公益诉讼”职能视域下检察机关调查核实权研究》，载《河北法学》2021 年第 11 期。

② 苏策、张宇：《地方债信用评级：体系完善与制度监管》，载《宁夏社会科学》2021 年第 3 期。

活力的举措中，应明确与政府失信相关的风险点和责任点。以检察机关作为合规考察义务主体，在提起政府信用保护公益诉讼之前，检察机关可要求失信主体在合理期限内提出恢复政府信用的整改方案，明确惩戒责任的具体实施向度。若不特定的市场主体因政府失信遭受重大投资损失的，以督促执法或者公益诉讼方式仍无法填补这一损失，且行为还涉及职务违法甚至职务犯罪的，应明确行政违法、公益诉讼与刑事诉讼之间的程序衔接转换要求。① 在诉前督促市场监管行政执法、强化政务服务质量以及惩戒政府失信行为的过程中，以合规考察、合规听证等方式实现政府信用保护公益诉讼的合规不诉效果。

本章小结：厘清公益诉讼“等”外探索的法律监督规律

我国在现代化发展中出现的各种地域性、阶层性等巨大落差，可归因于政治上的先进与落后之别。② 全国统一大市场是构建新发展格局的战略安排，在实践中已反映中央政府和地方政府合作的行动逻辑，这一逻辑蕴含了政府信用的价值本位。③ 政府诚信的理论构建和发展代表了政治的先进性，政府信用亦源自社会信用体系的规范分类，集中反映在“政务诚信”领域。相较于传统乡土社会的信用思想，政府信用与传统乡土社会信用一样，存在着现代信用理念转型的社会、组织和道德基础。④ 回溯我国诚信原则的理论发展史，学理上仍存在着“诚信”与“善意”的二元理论分类。以社会契约论为基础

---

① 李本灿：《企业合规改革试点中的程序衔接》，载《东方法学》2022 年第 6 期。

② 张师伟：《政治发展不平衡不充分论析》，载《广西师范大学学报（哲学社会科学版）》2019 年第 5 期。

③ 乔榛、刘星：《建设全国统一大市场的理论、历史和实践逻辑》，载《上海商学院学报》2022 年第 4 期。

④ 吕其镁、常江：《乡村振兴背景下农村传统信用观的现代性转换：基础与路径》，载《财经理论与实践》2022 年第 5 期。

的“统一诚信制”，难以反映我国当前社会信用体系建设的现实需要。① 基于主观与客观的双重维度考量，客观诚信往往呈现为“公平与合理”，而主观诚信代表了“善意解释”的功能。正如公共精神的“伦理”形态和“道德”形态，其属于“异质同构”的两个方面，即“伦理”代表客观诚信的人伦规范，而“道德”代表主观诚信的人德规范。② 此类诚信标准的划分普遍地反映在民事合同领域，而较少延伸至其他的部门法。公益诉讼救济路径更关注不特定市场主体的客观诚信，而并未将具有主观色彩的善意解释用以填补政府的失信责任。在“公平与合理”的语境下，政府信用保护不能恣意由公权力主体赋予自我监督的效能。检察机关应关注政府失信行为发生的来源和依据，从而在信用保护的诉讼救济路径中不断限缩违法性、可责性以及延展权利回复的必要空间。

政府信用保护公益诉讼在检察公益诉讼制度范畴实现了一次有限的“等”外尝试。作为公益保护的客体范畴，政府信用保护的方式可以通过诉讼救济来作学理探讨。鉴于政府信用的概括性，立法应在现有的公益诉讼形态中明确可诉性边界，这须将政府信用评级与地方财政状况进行关联。不特定多数的市场主体可据此避免政府失信导致的信赖利益受损。根据要素市场化改革的“全国一张清单”要求，政府信用保护公益诉讼的现实价值在于将检察机关的法律监督职能融入优化统一的全国法治化营商环境的目标当中，进一步提升政府的法治监管和服务效能。在此基础上，为避免公益诉讼救济方式的效率不足，“勤勉执法”义务须作为诉讼程序启动的前置条件。在信赖保护原则之外，未来立法还可围绕社会信用体系建设的总体要求，不断完善涉政务诚信的信用评级规则，探索政府失信权利救济的可能向度。

---

① 徐国栋：《主观诚信与客观诚信的分合与更名问题比较法考察——兼论中国的诚信立法向何处去》，载《社会科学》2013 年第 1 期。

② 卞桂平：《公共精神的“伦理-道德”形态及其现实意蕴》，载《广西师范大学学报（哲学社会科学版）》2012 年第 4 期。

后　记

与其说兴趣是最好的老师，不如说兴趣是一股强劲的动力。笔者对政府信用法治主题研究的，最早萌芽于本科期间。在学习民法学这门本科主干课程时，授课老师的谆谆教导记忆犹新，其意在指出民法原则中的“诚实信用”是帝王条款。不论何时何地，“守信践诺”都应成为每个国家或者每个公民社会最需要的良善品德、社会公德，更是一种个人美德。笔者对信用法治当中的一些比较法认知，主要源于英美法“信用惩戒”的案例，个人在其中也只是习得一些概要。在探讨公民失信行为可能产生的连带效应时，笔者不由自主地对其产生了浓厚的兴趣。此时，笔者特别注意到信用体系建设在构建善良风俗方面的重要作用。比较域外立法例，信用记录作为重要的个人档案之一可伴随公民的一生。当个人信用档案出现诚信问题时，国家实施的信用惩戒不仅对升学和就业产生负面影响，还可能影响个人的社会声誉和日常生活，例如申请贷款、租房等。近年来，我国社会信用体系建设从规范构建层面取得了巨大的进展。针对服兵役过程中拒绝继续服兵役的情形，司法实践中客观存在着失信联合惩戒的典型案例。从取消优待待遇、不得录用为公务员到户籍信息永久标记为“拒服兵役”等措施，均表明我国信用法治取得的显著进步。在国家、省/自治区/

直辖市以及其他层级的公务员、事业单位的招录过程中报考者若出现失信情形，会影响其后续岗位报考和聘用录用的结果。

当前，笔者的主要研究方向是纪检监察和刑事诉讼，因对信用法治本身持续关注的兴趣，在自身的研究方向之外带有些许“不务正业”的想法。这种想法源于本科阶段的双学位学习经历。在金融学的些许皮毛知识指引下，笔者萌生了对我国信用法治的一些理解。2022年是研究全国统一大市场的热门之年，这一年笔者从要素市场化改革与信用法治政府的建设角度写了一些文章，这些文章也陆续在国内的学术期刊上公开发表。从破解地方保护主义与行业壁垒的视角出发，本书集中探讨了信用政府法治监管过程中的一些现实问题。而越深入，笔者越能切身感受到因知识匮乏而产生的焦虑。但也是因这样的焦虑让笔者持续不断地发掘新问题。从失信联合惩戒、守信激励、公共信用信息异议机制到市场主体内部治理风险、政务诚信建设以及关于政府信用保护公益诉讼的学理构想，这些文章在写作过程中亦让笔者思考政府监管的边界为何？如何在统一大市场建设过程中保障经济活动的自由、公平、开放和有序。在信用法治实施的过程中，社会信用体系建设至关重要，其包含的四个维度将政务诚信置于首位，这表明了政府在行政审批改革过程中应当积极担当和主动作为。在经济行政与市场规制领域，市场资源配置“看不见的手”和政府监管“看得见的手”之间如何互动和平衡，亦是经久不衰的热点学术话题。因此，政务诚信建设可在社会信用体系建设中发现关于个人信用保护的诸多规则的完善空间。由此可知，从理论上探讨政府信用保护制度的可能向度，亦能够及时维护多元市场竞争主体的期待利益，甚至还能够降低市场主体内部治理过程中的廉洁风险。若地方政府能够通过信用记录、信用评价规则及时调整政策，或者通过有效措施纠正错误，那么基于政策的信赖利益损失可能会减轻。“信任不能替代监督”，政务诚信或者政府信用的本质是将公民对政府的公信力上升为可以通过具有法律效力的权利救济程序或者保护规则。

在优化法治化营商环境的背景下，全国统一大市场的形成和发展既能够在市场监管规则的完善过程中不断维护政府的公共形象，更能够通过保障市场主体参与公平竞争来推动经济高质量发展。建设全国统一大市场不仅是一项国家战略，更是惠及民众的经济发展指向所在。建设统一开放、竞争有序的全国大市场是重塑大国竞争优势、构建新发展格局、提升产业链现代化水平以及实现区域经济协调发展的基础。我国的市场分割主要表现为政府干预市场的选择性行为，包括地方政府主导型产业政策、产权交易市场壁垒、商品和要素市场分割等。① 记得一位民营企业家朋友曾说过，地方市场的过度分割是权力寻租现象的形成原因之一。地方保护主义对地方政府财政的积极影响可见一斑，但其经济发展过程中带来的负面影响可谓是讳莫如深，或者成为难以名状的制度发展隐痛，虽苦其久矣却也无可奈何。各个地区在“套路”上既有天然俗成的约定，又有潜移默化的习惯。而恰是此种“套路”让寻求市场竞争的外来投资者难以免俗。在全国统一大市场建设过程中面临信用政府法治监管的一些现实问题，不仅涉及政治、经济、文化和法治等多个领域，更是伴随着多个学科门类和专业的交叉融合。本书谨以微观的视角汇聚了笔者近年的一些心得或者想法，在对政务诚信以及信用政府法治监管改革过程中的一些大胆思考，难免有疏漏之处，但归根结底是旨在“抛砖引玉”。任何触及市场经济的制度改革都会涉及法律规则的调整，亦会动一部分人的“蛋糕”。从历史发展的角度观之，改革永远只有暂停而没有终止。未来，中国式现代化发展必将依托以信用为基石、法治为保障的政府监管新生态，以此塑造更为透明可预

① 刘志彪、孔令池：《从分割走向整合：推进国内统一大市场建设的阻力与对策》，载《中国工业经济》2021 年第 8 期。

期的市场环境与“亲清”互信的政商关系。唯此，方能在公平的市场经济规则下持续提升市场竞争主体的生存与发展能力。人民对美好生活的向往，需要在坚实的信用法治轨道上筑梦、逐梦与圆梦，以铸就国家与社会长治久安的制度基石。

行文至此，感慨良多。湘大法学人的底色，是三拱门旁的那排香樟。春生新绿，秋落金甲，年轮里藏着几代人的坚守。吾辈学人的每一步成长，离不开学校、学部和学院的大力支持，衷心感谢法学学部和纪检监察研究院的领导的关照支持！感恩师长的包容，更难忘前辈们“传帮带”的温度。合上书稿时，晚风掀起窗纱，似乎能感受到不远处“博学笃行”的校歌余韵。未来路远，“扬浩然正气，铸法治精魂”的院训将始终引领我前行。漫漫法治长路上，代代相传的火种，启迪着每一段新的征程。寥寥数语，挂一漏万，谨以此记，致敬和感恩所有照亮我前行的光。

图书在版编目（CIP）数据

全国统一大市场背景下信用政府法治监管问题研究 ：以政务诚信为分析对象 / 王译著. -- 湘潭 : 湘潭大学出版社, 2025. 5. -- ISBN 978-7-5687-1811-0
Ⅰ. D926.44
中国国家版本馆 CIP 数据核字第 2025PG5479 号

全国统一大市场背景下信用政府法治监管问题研究
——以政务诚信为分析对象
QUANGUO TONGYI DASHICHANG BEIJING XIA XINYONG ZHENGFU FAZHI JIANGUAN WENTI YANJIU
——YI ZHENGWU CHENGXIN WEI FENXI DUIXIANG
王译 著

策划编辑： 刘文情
责任编辑： 刘文情
封面设计： 张 波
出版发行： 湘潭大学出版社
社　　址： 湖南省湘潭大学工程训练大楼
电　　话： 0731-58298960 0731-58298966（传真）
邮　　编： 411105
网　　址： http://press.xtu.edu.cn/
印　　刷： 长沙创峰印务有限公司
经　　销： 湖南省新华书店
开　　本： 710 mm×1000 mm 1/16
印　　张： 12.25
字　　数： 202 千字
版　　次： 2025 年 5 月第 1 版
印　　次： 2025 年 5 月第 1 次印刷
书　　号： ISBN 978-7-5687-1811-0
定　　价： 68.00 元